U0597639

天府之国

蜀文化的特色与形态

肖东发 主编　胡元斌 编著

中国出版集团

现代出版社

图书在版编目（CIP）数据

天府之国：蜀文化的特色与形态 / 胡元斌编著. —
北京：现代出版社，2014.5（2019.1重印）
　　ISBN 978-7-5143-2372-6

　　Ⅰ．①天… Ⅱ．①胡… Ⅲ．①巴蜀文化－研究 Ⅳ.
①K871.34

　　中国版本图书馆CIP数据核字(2014)第086297号

天府之国：蜀文化的特色与形态

主　　编：肖东发
作　　者：胡元斌
责任编辑：王敬一
出版发行：现代出版社
通信地址：北京市定安门外安华里504号
邮政编码：100011
电　　话：010-64267325 64245264（传真）
网　　址：www.1980xd.com
电子邮箱：xiandai@cnpitc.com.cn
印　　刷：三河市华晨印务有限公司
开　　本：710mm×1000mm　1/16
印　　张：9.75
版　　次：2015年4月第1版　2021年3月第4次印刷
书　　号：ISBN 978-7-5143-2372-6
定　　价：29.80元

版权所有，翻印必究；未经许可，不得转载

党的十八大报告指出：“文化是民族的血脉，是人民的精神家园。全面建成小康社会，实现中华民族伟大复兴，必须推动社会主义文化大发展大繁荣，兴起社会主义文化建设新高潮，提高国家文化软实力，发挥文化引领风尚、教育人民、服务社会、推动发展的作用。”

我国经过改革开放的历程，推进了民族振兴、国家富强、人民幸福的中国梦，推进了伟大复兴的历史进程。文化是立国之根，实现中国梦也是我国文化实现伟大复兴的过程，并最终体现为文化的发展繁荣。习近平指出，博大精深的中国优秀传统文化是我们在世界文化激荡中站稳脚跟的根基。中华文化源远流长，积淀着中华民族最深层的精神追求，代表着中华民族独特的精神标识，为中华民族生生不息、发展壮大提供了丰厚滋养。我们要认识中华文化的独特创造、价值理念、鲜明特色，增强文化自信和价值自信。

如今，我们正处在改革开放攻坚和经济发展的转型时期，面对世界各国形形色色的文化现象，面对各种眼花缭乱的现代传媒，我们要坚持文化自信，古为今用、洋为中用、推陈出新，有鉴别地加以对待，有扬弃地予以继承，传承和升华中华优秀传统文化，发展中国特色社会主义文化，增强国家文化软实力。

浩浩历史长河，熊熊文明薪火，中华文化源远流长，滚滚黄河、滔滔长江，是最直接的源头，这两大文化浪涛经过千百年冲刷洗礼和不断交流、融合以及沉淀，最终形成了求同存异、兼收并蓄的辉煌灿烂的中华文明，也是世界上唯一绵延不绝而从没中断的古老文化，并始终充满了生机与活力。

中华文化曾是东方文化摇篮，也是推动世界文明不断前行的动力之一。早在500年前，中华文化的四大发明催生了欧洲文艺复兴运动和地理大发现。中国四大发明先后传到西方，对于促进西方工业社会的形成和发展，曾起到了重要作用。

　　中华文化的力量，已经深深熔铸到我们的生命力、创造力和凝聚力中，是我们民族的基因。中华民族的精神，也已深深植根于绵延数千年的优秀文化传统之中，是我们的精神家园。

　　总之，中华文化博大精深，是中国各族人民五千年来创造、传承下来的物质文明和精神文明的总和，其内容包罗万象，浩若星汉，具有很强的文化纵深，蕴含丰富宝藏。我们要实现中华文化伟大复兴，首先要站在传统文化前沿，薪火相传，一脉相承，弘扬和发展五千年来优秀的、光明的、先进的、科学的、文明的和自豪的文化现象，融合古今中外一切文化精华，构建具有中国特色的现代民族文化，向世界和未来展示中华民族的文化力量、文化价值、文化形态与文化风采。

　　为此，在有关专家指导下，我们收集整理了大量古今资料和最新研究成果，特别编撰了本套大型书系。主要包括独具特色的语言文字、浩如烟海的文化典籍、名扬世界的科技工艺、异彩纷呈的文学艺术、充满智慧的中国哲学、完备而深刻的伦理道德、古风古韵的建筑遗存、深具内涵的自然名胜、悠久传承的历史文明，还有各具特色又相互交融的地域文化和民族文化等，充分显示了中华民族的厚重文化底蕴和强大民族凝聚力，具有极强的系统性、广博性和规模性。

　　本套书系的特点是全景展现，纵横捭阖，内容采取讲故事的方式进行叙述，语言通俗，明白晓畅，图文并茂，形象直观，古风古韵，格调高雅，具有很强的可读性、欣赏性、知识性和延伸性，能够让广大读者全面接触和感受中国文化的丰富内涵，增强中华儿女民族自尊心和文化自豪感，并能很好继承和弘扬中国文化，创造未来中国特色的先进民族文化。

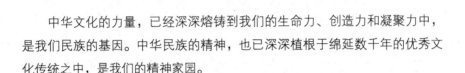

2014年4月18日

文明开化——古老历史

人杰地灵——川蜀底蕴

文化风情——蜀中拾英

艺苑之光——天府奇葩

古老历史

川蜀文化是指以成都平原、岷江流域为中心产生的一种独具特色的地方文化。

在旧石器时代，境内便开始有了远古人类活动，如已被命名的资阳人、鲤鱼桥文化、富林文化等。距今七八千年前，新石器时代遗址分布更是广泛，已发掘200多处，其中最具代表性的有广元营盘梁遗址、广汉三星堆遗址、西昌礼州遗址等。

丰硕的文化遗存，见证了古蜀先民繁衍生息、采集种植、渔猎饲养，创造的独特的文化模式及文明类型。

资阳人狩猎和采集并重

在西南腹地、长江上游，有一片广阔的区域，东部为四川盆地的一部分，西部为川西高原，中部为成都平原。

在旧石器时代，这片广袤的土地上就开始有远古人类活动了，资阳人就是其中的代表。

资阳人化石是在四川省资阳县城西黄鳝溪发现的西南地区旧石器时代的晚期人类头骨化石，距今已有3.5万年历史。

■资阳人头骨

资阳人头骨化石是我国发现的唯一早期真人类型，是旧石器晚期的真人类化石，是南方人类的代表，是古人类化石发掘中唯一的女性。

资阳人头骨化石为一

较完整的头骨，头骨较小，表面平滑圆润，额结节和顶结节都明显突起，额部较丰满。面骨保存有上颌颚骨，颅底除左侧颞骨岩部保存外，其余大部残缺；上颌的牙齿全部脱落，仅保存上左第一前臼齿的一个齿根。头骨内面骨缝几乎全部愈合，说明属一老年女性个体。

资阳人的基本特征和现代人相似，但也保留了若干较原始的性质。如眉脊比同龄同性的现代人显著，两内侧端几乎相连；前囟点位置较现代人的靠后；颞骨鳞部较低矮而平整，弧度较现代人小，从而表明其脑量不大，因而被认为是晚期智人阶段的化石。

由资阳人头骨的一般性质判断，资阳人当属新人阶段，但又具有若干与中国猿人相似的性质，如眉脊在内侧部非常明显，而且在中线相连，这是现代同样年龄的小孩中所罕见的。

眉脊上方稍稍隆起，有一个相当明显的矢状脊，由此向后延伸，到顶骨中部而逐渐消失。由左侧保存的颧弓基部可知颧弓走行的方向较现代人为倾斜，虽其程度不如中国猿人明显。颧弓向后与发达的乳突上

旧石器时代 以使用打制石器为标志的人类物质文化发展阶段。我国距今100万年前的旧石器文化有西侯度文化、元谋人文化、匼河文化、蓝田人文化以及东谷坨文化。距今100万年以后的遗址更多，在北方以周口店北京人文化为代表，在南方以贵州黔西观音洞的观音洞文化为代表。

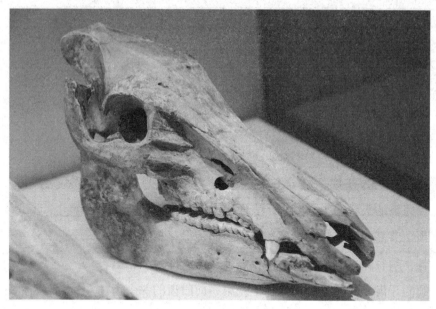
■ 动物头骨

中国犀 板齿犀亚科中一个年代较早的大型成员，其化石最早被发现于伊朗，后在我国南部出土了更多的化石。它是上新世、更新世时期我国南方著名的"剑齿象、大熊猫、中国犀动物群"的重要成员，但并没有像剑齿象和大熊猫一样存活到更新世，而是在晚上新世就已经灭绝了。

脊相连接，中国猿人也有非常显著的乳突上脊。

资阳人头骨与山顶洞人相比，也有某些相似的性质，如山顶洞老年人的眼眶上方也显著隆起，具有粗壮的眉脊，他的眼眶呈长方形。而资阳人左眼眶的上缘保存，远较现代人平直，也呈长方形。山顶洞较年轻的女性头骨也具有矢状脊。

在资阳人遗址中还出土了一件骨锥，地质时代为晚更新世。骨锥底部缺失，残长10多厘米，锥尖钝而光滑，呈深褐色。锥身有刮削加工的条痕。

与资阳人化石伴生的哺乳动物化石主要有鬣狗、虎、马、中国犀、獾、麂、水鹿、大额牛和东方剑齿象等。

在资阳人化石出土地点附近进行考古调查和发掘中，采集到了打制石器，特别是在蒙溪河支流鲤鱼桥河口东岸的发掘点出土的打制石器非常具有代表性。

鲤鱼桥位于资阳县同心乡东约2千米的孙家坝。发掘地层共5层，在最下一层的底部，出土了大量的乌木、少数砂岩砾石、零星动物化石和打制石器、石片及石核。

鲤鱼桥出土的石器，原料均为砾石，多用砾石的自然面作为台面打制石片，打制的台面极少。用石片直接打击法打制石片，方法有顺砾石的长轴和顺横轴打片两种，以第二种打片法为主，是鲤鱼石器工艺中打片法的显著特征。

石器加工方法有一面修理和两面修理两种，均用石锤直接打击。单刃器多于复刃器。器形较简单，有尖状器、刮削器、砍斫器和雕刻器等，而以尖状器为主，富于特色，厚体尖状器可作为鲤鱼桥石器的典型器物。

尖状器是割裂猎物和采集植物块根的重要工具之

刮削器 石器时代人们用石片制成的一种切割和刮削工具。因形状不同，可分为长刮器、短刮器和圆刮器等。这种刮削器是骨质或石质的，用途很多。另外也可以用来制作木制品、竹制品，比如刮去树皮制作棍棒，制作箭等。

■ 尖状器

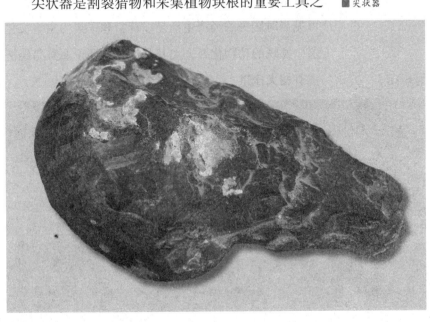

燧石 非常坚硬，破碎后产生锋利的断口，最早为石器时代的原始人所青睐，绝大部分石器都是用燧石打击制造的。燧石和铁器击打会产生火花，所以为古代人用作取火的工具。在我国古代，常用一小块燧石和一把钢制的火镰击打取火，所以燧石也叫作"火石"。

一。鲤鱼桥石器以尖状器为主体，可见，资阳人的经济生活是狩猎和采集并重，其社会已发展到氏族公社时期。

除资阳外，在汉源县富林镇、成都羊子山土台基址下层、攀枝花市仁和区回龙湾等地都先后出土了大批打制石器，而且各具特色。

富林石器多以燧石为原料，但燧石质地较差，其他尚有石英、水晶、砂岩、花岗岩、角页岩、安山岩等。石器中以石片石器为主，有刮削器、尖状器、端刮器等。

富林石器最重要的特点是以小石器占绝对优势，长度很少超过0.3米。打片以锤击法为主，偶尔也用砸击法。修理石工具以向背面加工为主，不用交互打击法。

富林石工具组合以刮削器最多，其次是尖状器，可见当时居民的经济生活是以狩猎和采集为主。文化层中发现的动物化石，尤其是烧骨，还说明狩猎经济占有较大比重。

■ 刮削器

成都羊子山发现了5件旧石器，其中4件是刮削器，一件是尖状器。打片方法，除一件可能用碰砧法外，都用锤击法。

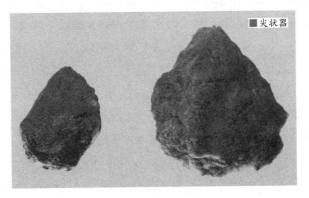
■尖状器

器形富于变化，刃部类型复杂。器形较大，但不粗笨、简陋。石片体较薄，为多次剥片而成。刃部较锋利，刃角多在40度以下。这批打制石器，与富林小石器显然有别，与鲤鱼桥石器也有很大不同。

根据各文化特点的异同，可见，早在旧石器时代晚期，四川地区就已初步形成了若干区域性文化中心，如大渡河流域的富林文化、岷江流域的成都羊子山土台基址下层文化、沱江流域溪河沿岸的鲤鱼桥文化等，各文化区域相应地产生了活动范围、经济生活以及文化传统都不尽相同的人类群体。

这些原始群的遗址和文物的发现，为我们了解和研究四川地区的原始时期提供了宝贵的资料。

阅读链接

攀枝花回龙湾遗址东距渡口大桥约28千米。洞穴坐东向西偏南15度。洞口形如桃状，高11.9米，宽4.6米，由洞口向内逐渐变窄，宛如牛角，洞深12米，面积约35平方米。

出土的文化遗物，主要包括打制石器、细石器、骨器和哺乳动物牙齿、角和碎骨化石等。石器数量最多，主要用砾石、脉石英、燧石和玛瑙等石料制成，另有少量玉石、玉髓、水晶等细小石器。

营盘山先民开始农耕生活

在岷江上游、青藏高原向川西平原过渡地带，有茂县。此地高山耸峙、峰峦叠嶂、河谷深邃、悬崖壁立，北有岷山、南有龙门山、西有邛崃山诸山脉，有"峭峰插汉多阴谷"之称。同时，还是连接黄河及长江的重要文化走廊和民族走廊的核心地带。

石叶器

完整石叶

石叶中段

在距茂县城南2.5千米的营盘山，有一处自新石器时代至明清时期的文化遗址。由于该遗址是岷江上游地区发现的地方文化类型遗址中面积最大、规模最大、发现遗存最为丰富的遗址，故命名为"营盘山文化"，距今6000至5500年。

营盘山文化相当于中原的仰韶文化和大汶口文化。

营盘山遗址位于岷江东南岸三级台地上，平面呈梯形，东西宽120米至200米，南北长约1千米，总面积近15万平方米。遗址东面临深谷阳午沟，东北面、北面、西面均为岷江所环绕。

■ 石器时代石片

营盘山遗址的文化堆积较为丰富，文化层最厚处可达2.2米，其上层为春秋战国时期的石棺葬遗存，下层为内涵丰富的新石器时代遗存。

营盘山遗址为大型中心性聚落遗址，其布局分区情况为：其中部地带为居住区，发现较多的柱洞、基槽等房屋基址和窖穴类遗迹。遗址中部偏西地带是举行包括宗教祭祀在内的公共活动的广场区，发现有大面积的硬土活动面遗迹，地势较为平坦，硬土下面还清理出多处人祭坑。

广场区以北地带是集中烧制陶器的手工业作坊区，发现有多座窑址和数量丰富的灶坑遗迹。另在遗址中部偏北地带发现有多处灰坑遗迹，为集中制作细石器的地点，坑内出土了大量的细石叶、细石核、燧石器、燧石原料及半成品。

营盘山遗址出土的陶器、玉器、石器、细石器、

新石器时代 是石器时代的最后一个阶段，以使用磨制石器为标志的人类物质文化发展阶段。我国大约在公元前1万年就已进入新石器时代。由于地域辽阔，各地自然地理环境很不相同，新石器文化的面貌也有很大区别，大致分为旱地农业经济文化区、水田农业经济文化区、狩猎采集经济文化区。

■ 石器

骨器、蚌器等类遗物总数近万件。

出土的玉器可分为三类，其一为生产工具的锛、斧、凿、穿孔刀、镞等，多数的刃部未见使用痕迹；其二是环镯、珠类装饰品；其三是具有礼仪用器性质的璧、璜类玉器。

可见，营盘山先民的玉器加工已成为一门内部有较细程度分工和较高专业化程度的手工业门类。这也标志着营盘山遗址在聚落群体系中具有非同一般的地位。

出土的陶器以平底器和小平底器为主，夹砂厚胎的炊器与器体宽大、容积深广的贮器占有一定的比例。从陶质陶色来看，以夹砂褐陶、泥质褐陶、夹砂灰陶、泥质红陶、泥质灰陶、泥质黑皮陶为主；其中夹砂陶可分为夹粗砂和夹细砂两种，以陶胎夹有颗粒粗大的片岩砂粒的陶片最具特色。

以彩陶制作工艺为代表的制陶业是整个仰韶时代手工业的最高成就所在。营盘山遗址出土的彩陶器种类众多，质地以细泥红陶为主，火候较高，烧制温度可达1000度，叩之有清脆的响声。

有的陶器表层打磨光亮，有的还施有一层白色的陶衣，再于其上用软笔绘出各种图案，图案内容题材

红陶 是新石器时代出现的一种器表呈红色的陶器。人类发明陶器以红陶为主，灰陶、黑陶次之。根据陶胎粗细及含砂与否，可分为泥质红陶和夹砂红陶。裴李岗文化、仰韶文化、马家浜文化等都以红陶为主。

丰富，包括变体鸟纹、蛙纹、草卉纹、草叶纹、杏圆纹、垂帐纹、水波纹、弧线纹、圆圈纹等，绘制笔法流畅、娴熟。

彩陶器的造型特征以几何曲线形为主，器类有瓶、罐、盆、钵等，不少堪称精品。包括相当数量的酒具类器物，如制作精美的彩陶壶，彩陶瓶、杯、碗等。包括彩陶器在内的部分加工制作精致的泥质陶器，开始逐步脱离日常生活实用器的特征，呈现出礼器化的迹象。

出土的石器可分为打制和磨制两种，打制石器包括由大型剥离石片稍作加工而成的切割器、砍砸器、杵、石球、网坠等，还有少量个体甚小的燧石片。磨制石器包括斧、锛、长方形穿孔石刀、凿、砺石等。

营盘山遗址的细石器及小石片石器具有出土地点集中化的特征，未经使用的成品石器、半成品石器和加工残片，多在几处填土呈灰黑色的大型灰坑内出土。

可见，营盘山先民中已有固定的人员从事石器加工作业，这些大型灰坑可能就是当时的石器加工作坊所在地，而石器制作已成为手工业的专业门类之一。

彩陶 也称"陶瓷绘画"，是我国悠久的"国粹"。在公元前6000年的老官台文化时期，有个别钵形器口沿开始装饰一条宽彩带，这是彩陶的萌芽。在公元前5000年的半坡遗址，发现了很多精美的彩陶。

■ 古代红陶

■新石器时代骨锥

骨器包括簪、锥、针、削、箭镞等。出土遗物中包括较为丰富的石质、陶质和骨质生产工具，标志着营盘山先民以定居农耕业为主要生活方式。

同时，狩猎、采集和捕捞业是营盘山先民以农耕业为主业的经济生活中不可或缺的补充内容。

遗址出土有数量丰富的狩猎所用的石球、磨制精细的石质和骨质箭镞等遗物，还有数量众多的细石叶、细石核及小石片石器，质地以黑色及白色半透明的燧石、白色的石英和透明的水晶为主，细石器制作工艺成熟，选材精良。

细石器多为复合工具的组成部分，常用来剥离、加工兽皮，细石器工艺与狩猎、畜牧经济有密切联系。遗址还出土有似腰形的打制石网坠，当为捕捞渔业的实物例证。

天府之国

蜀文化的特色与形态

■古人类石核

在营盘山遗址的灰坑底部发现有涂抹红色颜料的石块，经测试其成分以汞的氧化物——朱砂为主，另在部分陶器内壁也发现有同样的红色颜料，应为调色器的遗存。这表明营盘山先民有尚红习俗，朱砂的具体用途可能与涂面、刷房等活动有关。

尚红习俗历史久远，早在旧石器时代晚期的山顶洞人即已在埋葬死者时使用红色矿石粉，如将矿石粉撒于死者周围，并将随葬用的饰物兽牙、石珠、鱼骨都染上红色。

新石器时代对死者骨架或石器涂红的现象数量更多，如在西藏自治区拉萨市曲贡新石器时代遗址就发现有大量的在打制石器上涂抹红颜色的现象，但经测试，它们所使用的红色颜料均为赤铁矿，成分以铁的氧化物为主。而营盘山遗址出土的涂红现象是考古发现的最早使用朱砂的实例。

遗址出土多件小型的陶、石质人面雕塑。其中的一件陶质雕塑人面像，鼻及双耳为捏塑，双目及口部刻画而成，造型生动、传神，造型与甘肃省秦安县大地湾遗址出土的仰韶文化半坡类型的人头形器口彩陶瓶上的陶塑人像较为相似，表明是受甘青地区文化传播影响的产物。

这是四川地区考古发现的年代最早的雕塑作品，堪称四川雕塑艺术的源头。

营盘山遗址是岷江上游地区新石器时代的大型中心聚落遗址之一，其周围还分布着数十处面积在数千至近万平方米不等的中小型聚落遗址，其中的上南庄、勒石、马良坪、金龟包等多数遗址与营盘山遗址

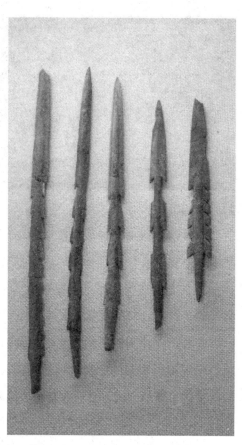

■ 新石器时代鱼骨镖

仰韶文化 黄河中游地区重要的新石器时代文化。仰韶文化以陕西华山为中心分布，东起山东，西至甘肃、青海，北到河套内蒙古长城一线，南抵江汉，分布最为密集的地区在陕西关中、陕北一带。

新石器时期抱鱼陶人

的时代相近。

　　而波西、沙乌都等个别遗址的年代略有差异，较营盘山遗址略早或略晚。以营盘山遗址为中心，包括波西等10余处新石器时代遗址在内的营盘山大型遗址群，在时间及空间上均有各种联系，从而组合成较为完备且颇具特色的聚落体系。

　　营盘山文化为研究长江文明与黄河文明之间的文化交流、传播及融合情况提供了新的实物材料，为深入探索辉煌的三星堆和金沙文明源头提供了新的线索，具有非常重要的科学价值。

阅读链接

　　营盘山还是一处规模宏大、分布密集、延续时间甚长的石棺葬墓地。从发掘清理的150余座石棺葬来看，墓葬间不见叠压打破现象，石棺葬底部均未铺设石板，仅使用侧板和盖板，随葬品包括陶器、铜器、玉石器等类。

　　墓葬排列整齐，分组明晰，墓葬的形制大小有别，随葬器物多寡不一，一些墓葬盖板上立有底部制作平齐的长条形卵石，个别墓葬附近还设有陪葬的器物坑，二次葬现象常见。

　　其时代主要为春秋战国时期。与石棺葬同时期的遗迹现象包括石条砌成的方形火塘、柱洞和基槽等房屋设施等。这批资料为探讨岷江上游石棺葬文化的内容提供了新的实物资料。

三星堆先民的青铜文明

三星堆遗址群位于四川省广汉市西北的鸭子河南岸，是一座由众多古文化遗存分布点所组成的一个庞大的遗址群。

三星堆遗址群的文化遗存分为四期，其中一期为早期堆积，属于新石器时代晚期文化；二至四期则属于青铜文化。遗址群年代上起新石器时代晚期，下至商末周初，上下延续近2000年。

所出土的大量陶器、石器、玉器、铜器、金器，具有鲜明的地方文化特征，自成一个文化体系，被命名为"三星堆文化"。

三星堆遗址群规模巨大，范围广阔，文化遗存大多分布在鸭子河南岸的马牧河南北两岸的高台地上，遗址群平面呈南宽北窄的不规则梯形。其中以南部的三星堆，中部的月亮湾、真武宫，北部的西

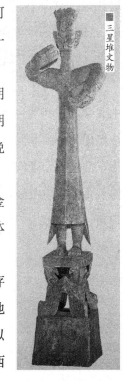

三星堆文物

■三星堆青铜面具

泉坎，东部的狮子堰，西部的横梁子，以及向西延续的仁胜村、大堰村等遗址最为重要。

三星堆遗址依托鸭子河，横跨马牧河，形成了经东、西、南、北四面城墙为防御体系的古城，是西南地区一处具有区域中心地位的最大的都城遗址。

古城由一道外郭城和若干个内城组成，古城内外可分作祭祀区、居住区、作坊区、墓葬区，并有三星堆、月亮湾等重要夯土建筑遗迹，体现出高度繁荣，布局严整的古代王国的都城气象，是不同于中原夏、商都城的具有鲜明地域特色的古城。

东城墙位于三星堆遗址中北部的月亮湾台地东缘，按走向可分南北两段。北段为东北—西南走向，南段略向东折，基本上呈正南正北走向，整座城墙与西城墙北段基本平行。

西城墙位于三星堆遗址，在西北部鸭子河与马牧河之间的高台地上，呈东北—西南走向，地面遗存部

■三星堆青铜戈

天府之国
蜀文化的特色与形态

分总长约600米，顶宽10
至30米，底宽35至50米，
高3至6米。在城墙的中部
和北部各有一宽20余米的
缺口，将西城墙分为北、
中、南三段，其中中段南
端在缺口处向东拐折延伸
约40米，与中段北段略成
垂直相接。

南城墙上开有两个缺
口，形成"三堆"，故名
"三星堆"，是一座内
城墙。三星堆城墙长度
为260米，基础宽度为42
米。城墙南侧有壕沟，宽
度为30至35米，壕沟距地表深2.84米，壕沟深2.4米。

在三星堆城墙东南50余米，为两个祭祀坑。两坑
相距25米，坑室走向一致，均为东北—西南走向，坑
口呈长方形，口大底小，坑壁整齐，填土经夯打。

三星堆祭祀坑室内器物均分层放置，埋藏现象前
所未见，大多数器物埋藏时或埋葬前明显经过有意的
焚烧和破坏，或烧焦、发黑、崩裂、变形、发泡甚至
熔化，或残损、断裂甚至碎成数块而散落在坑中不同
位置，部分青铜器、头像及面具有的口部涂朱、眼部
描黑现象。

两坑出土器物的种类，除部分中原地区夏商时期

■ 三星堆青铜神树

祭祀 是华夏礼
典的一部分，是
儒教礼仪中主要
部分。祭祀对象
分为3类：天神、
地祇、人鬼。天
神称"祀"，地
祇称"祭"，宗
庙称"享"。古
代祭祀有严格等
级：天神地祇由
天子祭，诸侯大
夫祭山川，士庶
只能祭自己的祖
先和灶神。清明
节、端午节、重
阳节是祭祖日。

■ 三星堆青铜人像

莲花 又名"荷花""水芙蓉"等，莲科多年生水生草本花卉。原产亚洲热带和温带地区，我国早在周代就有栽培记载。荷花全身皆宝，藕和莲子能食用，莲子、根茎、藕节、荷叶、花及种子的胚芽等都可入药。其出污泥而不染之品格恒为世人称颂。

常见的青铜容器、玉石器和巴蜀文化遗址常见的陶器外，大多是过去从未发现过的新器物，如青铜神树、青铜立人像、青铜太阳形器、青铜眼形器、金杖、玉牙璋等。

青铜神树由树基和树干两部分组成。树基略呈圆锥状，底座呈圆环形，上饰云气纹，底座之上为三座山相连状，山上也有云气纹。

树干接铸于山顶正中，干直，树根外露。树干上有3层树枝，每层为3枝丫，枝丫端部长有果实，一果枝上扬，上站立一鸟，两果枝下垂。在树丫和果托下分别铸有火轮。在树的一侧，有一条龙援树而下，龙身呈辫索状马面头，剑状羽翅。

从造型来看，该青铜神树应是代表东方的神木"扶桑"。

青铜立人像头戴莲花状的兽面纹和回字纹高冠，后脑勺上铸有一凹痕，可能原有发簪之灯的饰物嵌于此。脚戴镯，赤足立于兽面台座上。

青铜立人像身着窄袖与半臂式右衽套装上衣3件。最外一层为单袖半臂式连肩衣，衣上佩方格状类似编织而成的绶带。绶带两端在背心处结襻，襻上饰物已脱。

衣左侧有两组相同的龙纹，每组为两条，呈"巳"字相背状。衣服右衽前后两边各有竖行的两组纹饰图案，一组为横倒的蝉纹；另一组为虫纹和目纹相间的纹饰。中间一层为V形领，短袖。衣左背后有一卷龙纹。

最里一层深衣分前后裾，前裾短而平整，后裾长，两侧摆角下垂近脚踝。在前后裾上有头戴锯齿形冠的兽面纹。

在三星堆出土的众多青铜面具中，造型最奇特、最威风的要算青铜纵目面具。面具均出自祭祀坑，共3件，分大小两型。其中A型两件，较小；B型一件，较大。

B型青铜纵目面具有"千里眼""顺风耳"之誉。其形象特征为：眉尖上挑，双眼斜长，眼球呈极度夸张，呈柱状向前纵凸伸出达16厘米。双耳向两侧充分展开。短鼻梁，鼻翼呈牛鼻状向上内卷；口阔而深，口缝深长上扬，似微露舌尖，做神秘微笑状。其额部正中有一方孔，可能铸有精美的额饰。可以想象出来，它原来的整体形象当更为精绝雄奇。

金杖是用金条捶打成金皮后，再包卷在木杖上。出土时木杖已炭化，仅存金皮，金皮内还残留有炭化的

三星堆权杖局部

牙璋 是一种有刃的器物，器身上端有刃，下端呈长方形，底部两侧有突出的组牙；也是一种礼器，起源于黄河中下游一带。夏商时代的璋出现了镶嵌、穿孔、单阴线砣文等，其中单阴线砣文最为丰富，镶嵌类也多为镶松石，少量的镶红色或者其他颜色的宝石。

■ 三星堆出土的青铜礼器

木渣。

其中，在金杖的一端，有长约46厘米长的一幅图案，图案共分3组：靠近端头的一组，合拢看为两个前后对称，头戴五齿巫冠，耳饰三角形耳坠的人头像，笑容可掬。另外两组图案相同，其上下方分别是两背相对的鸟与鱼，在鸟的颈部和鱼的头部叠压着一支箭状物。

玉牙璋遍体满饰图案，生动刻画了原始宗教祭祀场面。图案上下两幅对称布局，内容相同。第一幅平行站立3人，头戴平顶冠，戴铃形耳饰，双手在胸前做抱拳状，脚穿翘头靴，两脚外撇站成"一"字形。

第二幅是两座山，山顶内部有一圆圈代表太阳，在圆的两侧分别刻有"云气纹"，两山之间有一盘状物，上有飘动的线条状若火焰。在山形图案的底部又画有一座小山，小山的下部是一方台，山的外侧，一只大手，仿佛从天而降，伸出拇指按在山腰上。

第三幅是两组S形勾连的云雷纹。第四幅又是3个人，穿着和手势与第一幅相同，所不同的是这3个人戴着山形高帽，双脚呈跪拜的姿势。

第五幅又是两座山，内部结构与第二幅相同，所不同的是山外两侧各立有一牙璋，右边的山头伸出一个状若勾状物横在两山之间。

■ 三星堆文物

这些图案反映出古蜀人在祭坛上举着牙璋祭祀天地和大山，而且天神已有反应，伸出拇指按在山腰上，这是要赐福于下界的表示。

在三星堆西城墙外的仁胜村，发现成片分布的公共墓地。墓葬分布密集、排列有序，墓向基本一致，墓室加工较为考究。绝大多数墓葬有一具人骨架，葬式均为仰身直肢葬。

出土有玉器、石器、陶器、象牙等几类随葬品，其中玉石器大多是三星堆遗址首次发现的新器形，如玉锥形器、玉牙璧形器、玉泡形器、黑曜石珠等。其中玉牙璧形器极为罕见，玉锥形器则明显地具有长江下游良渚文化的风格，引人瞩目。另有一件玉牙璧形器，表面钻有9个圆孔，可能与古代占卜术有关。

三星堆遗址出土的青铜制品、玉石制品以及黄金制品，造型奇特、制作精美，表现出浓厚而神秘的宗教文化色彩，独具民族特色和地域特征，是极为罕见的人类上古史奇珍。

良渚文化 是一支分布在太湖流域的古文化，距今5300至4000年，属于新石器时代。该文化遗址最大特色是所出土的玉器，包含有璧、琮、钺、璜、冠形器、三叉形玉器、玉镯、玉管、玉珠、玉坠、柱形玉器、锥形玉器、玉带及环等；另外，陶器也相当细致。

三星堆文物

三星堆遗址丰富的文化遗存填补了中华文明演进序列重要文物的缺环，是长江上游的古代文明中心，中华文明重要的起源地之一，有助于探索人类早期政治组织及社会形态演化的进程。

三星堆文化是公元前16世纪至公元前14世纪世界青铜文明的重要代表，对研究早期国家的进程及宗教意识的发展有重要价值，在人类文明发展史上占有重要地位。它的发现为已消逝的古蜀国提供了独特的物证，把川蜀地区的文明史向前推进了2000多年。

阅读链接

三星堆遗址的发现始于当地农民淘沟时偶然发现的一坑玉石器。1931年春，在广汉县传教的英国传教士董笃宜听到这个消息后，找到当地驻军帮忙宣传保护和调查，还将收集到的玉石器交美国人开办的华西大学博物馆保管。

根据董笃宜提供的线索，华西大学博物馆馆长葛维汉和助理林名钧于1934年春天组成考古队，由广汉县县长主持，在燕氏发现玉石器的附近进行了为期10天的发掘。发掘收获丰富，根据这些材料，葛维汉整理出《汉州发掘简报》。后来，又多次发掘了三星堆遗址的月亮湾等地点，三星堆遗址和文化的基本面貌才得以展现。

川蜀底蕴

　　自古以来，蜀地文、史、哲名家辈出，杰出的思想家代不乏人：汉代的司马相如、扬雄，三国两晋时期的陈寿，唐代的陈子昂、李鼎祚，宋代的"苏门三父子"、黄庭坚、魏了翁，元代的虞集，明代的杨慎、来知德，清代的唐甄、费密、李调元等，可谓灿若星辰，这一串串人们耳熟能详的名字，就是一笔笔丰富的精神财富。

　　川蜀地域各个历史时期文化名人的不断涌现，不仅充分证明蜀文化历史悠久，灿烂辉煌，而且为整个中华民族文化的繁荣发展作出了贡献。

李冰岷江修筑都江堰

上古时期，居住在古青藏高原的古羌族人向东南迁居，进入了岷山地区和成都平原。这些居住在岷山河谷的人被称为"蜀山氏"。蜀山人椎髻左衽，不晓文字，未有礼乐。

后来，蜀山氏的女子嫘祖嫁给黄帝为妃，其后代蚕丛以蚕桑兴邦，建立了古蜀国，使这个以牧为生的游牧民族大部分人定居下来，跨入了农耕时代。经柏灌、鱼凫二王后，大约在西周末期，

■李冰 战国时代著名的水利工程专家。公元前256年至前251年被秦昭王任为蜀郡太守。其间，他征发民工在岷江流域兴办许多水利工程，其中以他和其子一同主持修建的都江堰水利工程最为著名。几千年来，该工程为成都平原成为天府之国奠定了坚实的基础。后世为纪念李冰父子，在都江堰修有二王庙。都江堰也成为著名的风景名胜。

杜宇王朝建立，其间蜀国的都城迁至郫邑。

杜宇王朝采用君主世袭制，势力强大，其势力基本覆盖了整个四川盆地。在春秋早期，杜宇氏禅位于治水有功的蜀相鳖灵。鳖灵建立了开明王朝，定都于广都。

大约在公元前4世纪，开明九世开始仿效华夏礼乐制度，并把都城从广都迁往成都。

当时，古蜀国北边"以褒斜为前门"，与秦国接壤。南边以"熊耳、灵关为后"，与越族相邻。西面依靠九顶山、峨眉山。东边接于巴族，以"工、潜、绵、洛为池泽"，利用江河之便利发展渔业。

公元前316年，秦国从石牛道讨伐蜀国。秦国攻占蜀国后，设蜀、汉中两郡。蜀地逐步实行秦国的制度，开始进入封建社会。

秦昭襄王至秦庄襄王年间，李冰担任蜀郡太守，采取了许多开发蜀地的重大措施，比如修建都江堰，疏通检、郫二江，使成都平原日渐富饶。

古代蜀地非涝即旱，有"泽国""赤盆"之称。古蜀先民世世代代同洪水作斗争。

发源于成都平原北部岷山的岷江，沿江两岸山高谷深，水流湍急。到灌县附近，进入一马平川，水势浩大，往往冲决堤岸，泛滥成灾。从上游挟带来的大

■岷江源

太守 原为战国时期郡守的尊称。西汉景帝时，郡守改称为"太守"，为一郡之最高长官，除治民、进贤、决讼、检奸外，还可以自行任免所属掾史。历代沿制不改。至隋代初期遂存州废郡，以州刺史代郡守之任。此后太守不再是正式官名，仅用作刺史或知府的别称。明清时期则专称知府。

都江堰宝瓶口

天府之国

蜀文化的特色与形态

量泥沙乱石也容易淤积在这里，抬高河床，加剧水患。

　　特别是在灌县城西南面，有一座玉垒山，阻碍江水东流，每年夏秋洪水季节，常造成东旱西涝。

　　李冰上任之后，便了解水情民情。他同儿子二郎一起到岷江沿岸考察，听取当地民众的意见，勘察地形，研究治理岷江的办法。

　　李冰在仔细察看了地形后，决定凿开玉垒山，分洪减灾，引水灌田。动工以后，大批的农民和工匠，有的凿石，有的抬石，干得热火朝天。但是石头坚硬如铁，一天干下来，石头没开多少，工具倒损坏了许多。

　　看到这种情况，李冰几经思考，想到了一个办法：先在石头上凿条沟，然后在沟里和石头缝中填上干草，上面再加满树枝、木柴，点火焚烧。石头受热后便浇水使之裂开，这样再凿便省劲多了。

　　照此法干活，工程进度果然大大加快。没过多久玉垒山便被掘开了一道缺口。因为玉垒山新开缺口好似一个瓶口，所以称之为"宝瓶口"。被分开的玉垒山末端，状如大石堆，就是后人称作的"离堆"。

宝瓶口工程修建以后，李冰发现，水量不能满足灌溉的需要。怎样才能多分些水过来呢？

经过一番考察、商议，李冰找到了好的办法：在离宝瓶口不远的上游江中心建一个分水堰，将江水分成两股，这样就可以满足灌溉需要。然而，在激流滚滚的江心修建一条分水堤堰，绝非一件易事。李冰为此事寝食不安，天天琢磨着有效的办法。

一天，李冰父子到岷江上游去察看水情，见一群妇女正在江边洗衣裳。她们在水里放了一个个竹篓，衣服便泡在竹篓中。江水尽管很急竹篓也冲不走。

李冰见此情景，突发奇想：若将鹅卵石放在篓中，沉入水底，不也冲不跑吗？

于是，李冰让二郎带着老百姓到山上去砍竹，自己招来工匠编制竹笼。几经试验，最终编成的竹笼，圆径1米，长约33米。笼石层层累筑，最终成分水大堤。

分水大堤前端开头犹如鱼头，所以取名叫"鱼嘴"。鱼嘴将岷江分为内外江，起航运、灌溉与分洪的作用。西股的叫"外江"，是岷江的正流；东股的叫"内江"，是灌溉渠系的总干渠。渠首就是

岷江 长江上游支流，属于长江的一级支流，全流域均在四川省境内，孕育了古蜀文明。发源于岷山南麓，流经松潘、汶川等县到都江堰市出峡，分内外两江至江口复合，经乐山接纳大渡河和青衣江，至宜宾汇入长江。全长793千米。

■ 都江堰李冰父子雕塑

蜀文化的特色与形态

杩槎 是一种简单、有效的临时性截流装置，是由3根大木桩用竹索绑成的三脚架，中设平台，平台上用竹笼装卵石压稳。把适当数量的杩槎横列在江中，迎水面加系横、竖木头，围上竹席，外面再培上黏土，就可以挡住水流，不致渗漏。

宝瓶口，流经宝瓶口再分成许多大小沟渠河道，组成一个纵横交错的扇形水网，灌溉成都平原。

分水堰两侧垒砌大卵石护堤，内江一侧的叫"内金刚堤"，外江一侧叫"外金刚堤"，也称"金堤"。分水堰建成以后，内江灌溉的成都平原就很少有旱灾了。

之后，为了进一步控制流入宝瓶口的水量，在鱼嘴分水堤的尾部，又修建了分洪用的平水槽和飞沙堰溢洪道。

飞沙堰也用竹笼装卵石堆筑，堰顶做到适宜的高度。当内江水位过高的时候，洪水就经由平水槽漫过飞沙堰流入外江，以保障内江灌区免遭水淹。同时，由于漫过飞沙堰流入外江的水流的漩涡作用，有效地冲击了泥沙在宝瓶口前后的沉积。鱼嘴的分水量有一定的比例。

■ 都江堰"鱼嘴"

春耕季节，内江水量大约占60%，外江水量大约占40%。洪水季节，内江超过灌溉所需的水量，由飞沙堰自行溢出。

宝瓶口是节制内江水量的。为了控制内江流量，李冰父子做石人立在江中，作为观测水位的标尺。

李冰还做石犀，埋在内江中，作为岁修时候淘挖泥沙的深度标准。岁修的原则是"深淘滩，低做堰"。"深淘滩"是说淘挖淤积在江底的泥沙要深些，以免内江水量过小，不敷灌溉用；"低做堰"是说飞沙堰堰顶不可修筑太高，以免洪水季节泄洪不畅，危害成都平原。岁修的方法是：

■ 都江堰碑刻

每年水量最小的霜降时节，在鱼嘴西侧，用杩槎在外江截流，使江水全部流入内江，然后淘挖外江和外江各灌溉渠道淤积的泥沙。

至第二年立春前后，外江岁修完毕，把杩槎移到内江，让江水流入外江，然后再淘挖内江河槽，进行平水槽和飞沙堰的岁修工程。

清明节前，内江岁修完毕，撤除杩槎，开始放水灌溉。

清明节是我国民间传统节日，是重要的"时年八节"之一。汉族传统的清明节大约始于周代，距今已有2500多年的历史。据传始于古代帝王将相"墓祭"之礼，后来民间也竞相仿效，于此日祭祖扫墓，历代沿袭而成为中华民族一种固定的风俗。

都江堰分水图

　　除都江堰外，李冰还主持修建了岷江流域的其他水利工程，创造了凿井汲卤煮盐法，结束了巴蜀盐业生产的原始状况……

　　李冰所做的这一切，尤其是都江堰水利工程，不仅解决了岷江泛滥成灾的问题，而且灌溉了成都平原，使其成为"沃野千里"的富庶之地、"天府之国"，对蜀地社会产生了深远的影响。

阅读链接

　　都江堰伏龙观位于岷江都江堰段离堆北端的最高处，奉祀李冰父子。该观始建于晋代，原为纪念青城隐士的范贤馆。

　　传说李冰父子治水时，曾降服江中的孽龙，锁在离堆下的伏龙潭中。至北宋初年，便改范贤馆为伏龙观，改祀李冰。现存的三重殿宇，均为清代重修。大殿奉李冰，后殿享二郎，与二王庙的布局相反。因此，伏龙观又称"老王庙""李公庙"。大殿奉有在江心发现的李冰石刻雕像。石像刻于168年，高2.9米，重4.5吨。胸前有题记和造像年月，题字为"故蜀郡李府君讳冰""建宁元年闰月戊申朔二十五日都水掾尹龙长陈壹造三神石人珍水万世焉"。

司马相如安边西南夷

蜀中山清水秀，人杰地灵，孕育了
不少出色的文人雅士，司马相如便是其
中的一位。司马相如，原名司马长卿，
出生于蜀郡，后因仰慕战国时的名相蔺
相如而改名。少好读书击剑。

汉景帝即位不久，司马相如便来到
长安。以訾为郎，做了汉景帝的武骑常
侍。然而，景帝不好辞赋，他常有不遇
知音之叹。

后来，梁孝王进京，随同他一块来

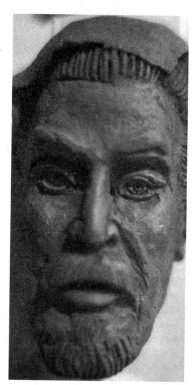

■司马相如（约前179—前118），西汉大辞赋家，杰出
的政治家。他是我国文化史、文学史上杰出的代表。工
辞赋，其代表作品为《子虚赋》。作品辞藻华丽，结构
宏大，使他成为汉赋的代表作家，后人称之为"赋圣"
和"辞宗"。他与卓文君的爱情故事也广为流传。

■ "凤求凰" 雕塑

琴 弦乐器，又称瑶琴、玉琴，俗称古琴。最初是五根弦，后加至七根弦。古琴的制作历史悠久，许多名琴都有可供考证的文字记载，而且具有美妙的琴名与神奇的传说。琴，作为一种特殊的文化，概括与代表着古老神秘的东方思想。古琴，目睹了中华民族的兴衰，反映了华夏传人的安详寂静、洒脱自在的思想内涵。

的有邹阳、枚乘、庄忌等人，司马相如和这几位辞赋高手志趣相投，非常谈得来。于是，他以有病为由辞去了景帝朝的"郎"，随梁孝王到了梁国。

梁孝王让司马相如和邹阳、枚乘等人一同居住，享受同等待遇。在此期间，司马相如创作了著名的《子虚赋》，声名鹊起。

梁王盛赞其才情高华，赐给他一把名叫绿绮的琴，上面刻有"桐梓合精"的字，是当时不可多得的名贵乐器。

梁王死后，司马相如归蜀。路过临邛，结识商人卓王孙寡女卓文君。卓文君自幼学习琴棋书画，长于鼓琴，喜好音律。

司马相如看到后，非常仰慕卓文君。于是，司马相如在一次宴会中，特意演奏了一曲《凤求凰》，他想以此琴音倾诉心中的仰慕之情：

凤兮凤兮归故乡，遨游四海求其凰。

时未遇兮无所将，何悟今兮升斯堂！

有艳淑女在闺房，室迩人遐毒我肠。

何缘交颈为鸳鸯，胡颉颃兮共翱翔！

皇兮皇兮从我栖，得托孳尾永为妃。

交情通意心和谐，中夜相从知者谁？

双翼俱起翻高飞，无感我思使余悲。

汉武帝刘彻

（前156—前87），西汉的第七位皇帝，杰出的政治家、战略家、诗人。在位期间开疆拓土，击溃匈奴、东并朝鲜、南诛百越、西愈葱岭，征服大宛，奠定了中华疆域版图；首开丝绸之路，首创年号，兴太学。

卓文君听出了司马相如抚琴之意，偷偷地从门缝中看他，不由得为他所吸引，遂订盟。因卓王孙不允，两人遂夤夜私奔，同归成都。后因家贫两人返回临邛，以卖酒为生。"文君当垆""相如涤器"便由此而来。

景帝去世，汉武帝刘彻在位。有一次，刘彻看到《子虚赋》非常喜欢，以为是古人之作，叹息自己不能和作者同时代。当时侍奉刘彻的狗监杨得意是蜀人，便对刘彻说："此赋是我的同乡司马相如所作。"

刘彻惊喜之余马上召司马相

卓文君

■卓文君 汉代才女，原名文后，西汉临邛人，卓文君貌美有才气，善鼓琴，家中富贵。她是汉临邛大富商卓王孙之女，喜好音律。司马相如之妻。卓文君与汉代著名文人司马相如的一段爱情佳话至今还被人津津乐道。她也有不少佳作流传后世。以"愿得一心人，白首不相离"一句最为著名。

■ 文君当垆图

天府之国

蜀文化的特色与形态

如进京。司马相如向武帝表示："《子虚赋》写的只是诸侯王打猎的事，算不了什么，请允许我再作一篇天子打猎的赋。"

这就是内容上与《子虚赋》相衔接的《上林赋》，文字辞藻更为华美壮丽。此赋以"子虚""乌有先生""亡是公"为假托人物，设为问答，放手铺写，以维护国家统一、反对帝王奢侈为主旨，歌颂了统一大帝国无可比拟的声威，又对最高统治者有所讽谏，开创了汉代大赋的一个基本主题。

此赋一出，司马相如被刘彻封为郎。

司马相如在担任郎官期间，正逢唐蒙受命掠取和开通夜郎及其西面的僰中。唐蒙征发巴、蜀两郡的官吏士卒上千人，征调陆路及水上的运输人员1万多人。巴、蜀百姓大为震惊恐惧。

汉武帝听说后，就派司马相如去巴蜀之地。为了很好地使这次事件的风波平息下来，司马相如专门写了一篇《谕巴蜀檄》，晓以大义，剖陈利害，并许以赏赐，消弭了巴蜀两地不稳的情势，通"西南夷"的事业得以继续进行。

当时，邛、筰的君长听说南夷已与汉朝交往，并得到很多赏赐，因而多半都想做汉朝的臣仆，希望比照南夷的待遇，请求汉朝委任他们以官职。

赋 由楚辞衍化而来，是以"铺采摛文，体物写志"为手段，以"颂美"和"讽喻"为目的的一种有韵文体。它多用铺陈叙事的手法，赋必须押韵，这是赋区别于其他文体的一个主要特征。赋起于战国，盛于两汉。

汉武帝向司马相如询问此事，司马相如说："邛笮、冉、駹等都离蜀很近，道路容易开通。秦朝时就已设置郡县，到汉朝建国时才废除。如今真要重新开通，设置为郡县，其价值超过南夷。"

汉武帝认为他说得对，就任命其为中郎将，令持节出使，随行的有副使王然于、壶充国、吕越人。

司马相如的这次出使西夷，在当时是处在一片反对声中的。蜀中父老多认为通"西南夷"没有多大的用处和意义："今疲三郡之士，通夜郎之途，三年于兹，而功不竟，士卒劳倦，万民不赡，今又接以西夷，百姓力屈，恐不能卒业，此亦使者之累也，窃为左右患之。"

面对这种责问，司马相如作了一篇《难蜀父老文》，他认为通"西南夷"是"非常之人"做的"非常之事"，建的是"非常之功"。

035

人杰地灵

川蜀底蕴

■ 司马相如与卓文君

都尉 秦代与汉代初期,每郡有郡尉,辅助太守主管军事。景帝改名为都尉。西汉时期有掌管人员也入京畿的关都尉,掌管边郡与田的农都尉,管理归附各族的属国都尉,与武事无关,掌管皇帝所乘车辆的奉车都尉,掌管副车之马者称"驸马都尉",掌管乐府的协律都尉等。

接着他阐述了汉武帝的文治武功,指出:

> 夫拯民于沉溺,奉至尊之休德,反衰世之陵迟,继周氏之绝业,斯乃天子之急务也。通"西南夷"虽然于百姓有劳,但却是德化四方、安定天下的大事。

经过司马相如的这一番解释,巴蜀父老终于明白了通"西南夷"的意义,表示"百姓虽怠,请以身先之",支持他出使西夷。

正是有了巴蜀民众的大力支持,司马相如的这次出使获得了巨大的成功。邛、筰、冉、駹、斯榆等部族的首领都自愿称臣,请求内附,撤去了旧时的边关,使汉代的领土进一步扩大,西界达到了沫水和若水,南边到达了牂柯。

■ 司马相如故里牌坊

■ 文君故里区

司马相如在此设置了一个都尉，10多个县，都属蜀郡管辖，并打通了灵关道，在孙水修建了桥梁，通往邛都。

司马相如这次出使"西南夷"的成功，使汉代与"西南夷"地区的经济、文化联系得以加强，促进了当地社会和经济的发展，并增强了"西南夷"对汉王朝的政治认同，为汉武帝后来在"西南夷"地区设置郡县奠定了坚实的基础，保证了通"西南夷"事业的继续和顺利实行。

后司马相如留下一本书，上写的是有关封禅的事。公元前118年，司马相如因病免官，住在茂陵。汉武帝对所忠说："司马相如病得厉害，可派人去把他的书全部取回来；如果不这样做以后就散失了。"

所忠前往茂陵，而相如已经死去，家中没有书。询问相如之妻，她回答说："长卿本来不曾有书。他时时写书，别人就时时取走，因而家中总是空空的。

封禅 封为"祭天"，禅为"祭地"，是指我国古代帝王在太平盛世或天降祥瑞之时的祭祀天地的大型典礼。远古暨夏商周三代，已有封禅的传说。古人认为群山中泰山最高，为"天下第一山"，因此人间的帝王应到最高的泰山去祭过天帝，才算受命于天。

剪纸——卓文君与司马相如

长卿还没死的时候，写过一卷书，他说如有使者来取书，就把它献上。再没有别的书了。"

而后，所忠把书再呈给汉武帝，天子看后惊异其书。

司马相如是我国文化史、文学史上杰出的代表，是西汉盛世汉武帝时期伟大的文学家、杰出的政治家。他被班固、刘勰称为"辞宗"，被林文轩、王应麟、王世贞等称为"赋圣"。

同时，司马相如出使西南夷，将西南夷民族团结统一于大汉疆域，为汉武帝通西南夷作出巨大贡献，被称之为"安边功臣"，名垂青史。

阅读链接

传说司马相如想在京城纳妾，便写信给卓文君：一二三四五 六七八九十百千万。

卓文君马上就领略到夫君的暗示：夫君对自己"无意"了，悲痛万分，回信：一别之后，二地相悬。只说三四月，谁知五六年。七弦琴无心弹，八行字无可传，九连环从中折断，十里长亭望眼欲穿。百思念，千系念，万般无奈把郎怨。万语千言说不完，百无聊赖十倚栏。九重九登高看孤雁，八月仲秋月圆人不圆。七月半，秉烛烧香问苍天，六月伏天人人摇扇我心寒。五月石榴似火红，偏遇阵阵冷雨浇花端。四月枇杷未黄，我欲对镜心意乱。忽匆匆，三月桃花随水转，飘零零，二月风筝线儿断。噫，郎呀郎，巴不得下一世，你为女来我做男。

司马相如看完信后，顿感羞愧，从此不再提及纳妾之事。

诸葛亮治蜀鞠躬尽瘁

西汉时期，蜀地社会、经济、文化迅速发展，繁华程度超过关中地区而被誉为"天府之国"。

汉景帝年间，文翁出任蜀郡太守，在成都建立了首个官办学堂"文翁石室"，从此蜀地学风大盛，可与齐鲁地区相媲美。东汉末年，天下扰乱，群雄逐鹿。

诸葛亮，字孔明，生于181年。当时由于军阀割据，战乱不

■ 诸葛亮（181—234），字孔明，号卧龙，琅琊阳都人，三国时期蜀汉丞相，杰出的政治家、军事家、文学家。他在世时被封为武乡侯，死后追谥忠武侯，东晋政权特追封他为武兴王。其代表作有《前出师表》《后出师表》《诫子书》等。他发明了木牛流马、孔明灯等，并革新连弩，可一弩十矢俱发。在后世受到极大尊崇，成为后世忠臣楷模，智慧化身。

管仲（前723—前645），名夷吾，谥曰"敬仲"，颍上人，史称管子。春秋时期齐国著名政治家、军事家，周穆王的后代。后经鲍叔牙力荐，为齐国丞相，后世称为"春秋第一相"，辅佐齐桓公成为春秋第一霸主，管仲的言论见于《国语·齐语》，另有《管子》一书传世。

休，诸葛亮失去了双亲，便依随叔父诸葛玄生活。诸葛亮15岁跟随叔父到荆州襄阳去依附刘表。他看到刘表昏庸无能，不是命世之主，于是结庐襄阳城西的隆中山中，隐居待时。

诸葛亮在隆中隐居了10年，娶了黄承彦之女为妻。其间，他广交江南名士，"每自比于管仲、乐毅"，爱唱《梁父吟》，结交庞德公、庞统、司马徽、黄承彦、石广元、崔州平、徐庶等名士。其智谋为大家所公认，有匡天下之志。他密切注意时局的发展，所以对天下形势了如指掌，人称"卧龙"。

207年，在徐庶的举荐下，汉室宗亲刘备三顾草庐，请于诸葛亮。诸葛亮精辟地分析了天下的形势，提出了统一天下，应走鼎足三分，联孙抗曹的道路。这就是著名的"隆中对策"。

■ 刘备三顾茅庐

■诸葛亮论三分天下

208年，曹操大举南下，败刘备于长坂。诸葛亮"受任于败军之际，奉命于危难之间"，出使江东，联结孙权。诸葛亮以隆中路线的坚定原则与孙权谈判，订立双边同盟，而不是附庸顺从。使孙权认识到"非刘豫州莫可以当曹操者"，不得不作出让步，同意鼎足三分，发兵拒操。赤壁战后，孙权履行诺言，将荆州借给刘备。

221年，刘备在蜀地成都称帝，诸葛亮出任丞相，总理国家大事。

223年春，刘备在永安病危，召诸葛亮嘱托后事说："君才十倍于曹丕，必能安国，终定大事。若嗣子可辅助便给予辅助；若其不才，您可取而代之。"

诸葛亮忙哭道："臣必竭心尽力相辅，效忠贞之节，死而后已！"

后主即位，诸葛亮受封武乡侯，建立丞相府以处理日常事务，又兼任益州牧。当时，全国的军、政、

丞相 古代官名。古代皇帝的股肱，典领百官，辅佐皇帝治理国政，无所不统。丞相制度，起源于商代。自周武王开始，设左丞相、右丞相。秦统一以后只设左、右丞相。汉代初期各王国拟制朝廷，也在其封国中各设丞相，公元前145年改称为"相"。明太祖朱元璋废除了丞相制度。

财，"事无巨细，咸决于亮"。

诸葛亮执政办的一件大事是恢复与东吴的外交关系。刘备死后，东吴一方面继续向魏称臣；另一方面尚未拿定主意怎样对蜀，仍陈大军于蜀的边境。诸葛亮派尚书邓芝出使东吴，说服孙权与蜀联合，与魏断绝关系。

当时，南中诸郡在刘备东伐之时，受东吴策动而叛乱，严重威胁蜀汉后庭。诸葛亮执政后，与东吴恢复邦交，切断了南中的外援。经过两年调季，诸葛亮上书后主，决心平定南中叛乱。

225年春，诸葛亮率大军兵分三路征伐南中。在此次战争中，诸葛亮对叛军首领孟获采用攻心战术，七擒七纵，使其心悦诚服。

平叛战斗结束后，诸葛亮吸取"众建诸侯分其盘"的经验，将南中4郡分为6郡，叛乱中心建宁郡被分得最细，起用大量土著大姓为官吏，达到不留军队、不运粮草，又能治理该地的目的；征调南中"青羌"万余家入蜀，以其青壮组成骑兵五部，号称"飞军"；设立降都督，掌管南中军政。该年12月诸葛亮率军回到成都。

227年3月，诸葛亮率军至汉中，准备北伐，出征之前写了著名的《出师表》。表文表达了自己审慎勤恳、以伐魏兴汉为己任的忠贞之志和诲诚后主不忘先帝遗愿的孜孜之意，情感真挚，文笔酣畅，是古代散文中的杰出作品。

诸葛亮先在汉中练兵约一年，然后北攻。魏南安、天水、安定三郡当即降蜀。在汉中休士劝农期间，诸葛亮充分利用了汉中优厚的经济条件，因地制宜地采取了一系列发展生产的得力措施，使北伐军资基本上得到了就地解决。

魏明帝亲赴长安督战，以曹真督关右诸军，采用以防守为主的战略。蜀军先扬言要由斜谷道攻取县，并使赵云、邓芝率一军据箕谷为疑军，诸葛亮率主力西出祁山。参军马谡领一军为先锋，驻街亭。

魏明帝（206—239），曹丕与文昭甄皇后之子，曹操之孙。他能诗文，与曹操、曹丕并称为魏之"三祖"，他的文学成就就不及曹操、曹丕。原有集，已散佚，后人辑有其散文2卷、乐府诗10余首。

■诸葛亮排兵

陆逊（183—245），三国时期著名的军事家、政治家，历任吴国大都督、上大将军、丞相。东吴大帝孙权兄长沙桓王孙策之婿，世代为江东大族。222年，陆逊在夷陵击败刘备所率蜀汉军，一战成名。

马谡指挥不当，大败于魏军，丢失街亭。蜀军失去前进的据点，只好退回汉中。诸葛亮挥泪斩马谡，上书自贬三级，以右将军身份行丞相之职。

228年冬，魏军三路攻吴，关中空虚。诸葛亮再次率军北伐。蜀军此次出大散关，围攻陈仓20余日不下，粮尽而退。

229年，诸葛亮第三次率军北伐。蜀军西向，取魏武都、阴平两郡而回。诸葛亮复任丞相。

234年2月，诸葛亮第五次北伐，以大军出斜谷，占据五丈原。此次出兵，事先与东吴约好同时攻魏。但东吴迟迟不发兵，迄至5月，孙权才派陆逊、诸葛瑾率兵屯江夏、沔口，进攻襄阳，孙权自己则率大军围合肥新城。

对此，魏明帝的策略是先挫败东吴。他亲率水军

■ 诸葛亮观战

■诸葛亮指挥修城池

东征，让西守的司马懿坚守不战，让蜀军粮尽自退。

但当孙权得知魏主意图后，认为己方成了主战场，吃了亏，即令全线撤军。在西线，诸葛亮鉴于以往的教训，分兵屯田，打算久驻。

同年8月，诸葛亮突患急病，暴卒于前线，时年54岁。蜀军全线撤军。诸葛亮在生前留下遗嘱："葬于汉中定军山，就在山坡中挖一个坟，坟坑可装下棺材便行了。穿平常的衣服，不随葬器物。"

蜀国地势偏僻，与中原隔绝，"小国贤才少"。诸葛亮治蜀时特别重视人才的选拔和培养，他认为"治国之道，务在举贤"。诸葛亮任人唯贤，不计较其出身。

巴西郡人王平，出身士卒，但是个有丰富实战经验的将领。小吏蒋琬，诸葛亮认为他是"社稷之器"，他当丞相后提拔蒋琬为参军，以后琬官至长史，加抚军将军。诸葛亮北伐，蒋琬坐镇成都，"常足食足兵，以相供给"。

诸葛亮对外联吴抗曹，对内务农殖谷，与民休息，并注意发展蜀中经济，妥善解决民族矛盾，受到蜀中各族人民的拥戴。

诸葛亮不但是杰出的政治家、军事家，还在书法、绘画等方面有着不凡的表现。据南宋陈思《书小史》记载：诸葛亮"善其篆隶八分，今法帖中有'玄漠太极，混合阴阳'等字，殊工"。

唐代张彦远在《历代名画记》中写道："诸葛武侯父子皆长于画。"张彦远还在其《论画》一书中，记载了当时绘画收藏与销售的情况。他说：

> 今分为三古以定贵贱，以汉、魏三国为上古，则赵岐、刘褒、蔡邕、张衡、曹髦、杨修、桓范、徐邈、曹不兴、诸葛亮之流是也。

此外，诸葛亮还发明了木牛流马、孔明灯、诸葛连弩、八卦图、孔明锁、木兽、地雷等。

阅读链接

成都武侯祠位于四川省成都市南门武侯祠大街，是我国唯一的君臣合祀祠庙，由武侯祠、汉昭烈庙及惠陵组成，人们习惯将三者统称为武侯祠。武侯祠分为前后两殿，形成昭烈庙在前，武侯祠在后，前高后低的格局。东西偏殿中有关羽、张飞雕像。

东西两廊分别为文武廊房，塑有文武官雕像28座，殿内外还有许多匾联，其中以清赵藩的攻心联最为著名："能攻心则反侧自消，从古知兵非好战。不审势即宽严皆误，后来治蜀要深思。"武侯祠大门后柏丛中有6块石碑，由唐代宰相裴度撰文、柳公绰书写、石匠鲁建刻字，为后世称为"三绝碑"。武侯祠内柏树众多，气氛庄严、肃穆。

李密《陈情表》传千古

224年，李密在武阳龙安村降生。祖父李曜当时在朱提任太守，听到消息后为孙子取名李密。李密半岁时体弱多病的父亲去世，4岁时母亲改嫁。李密由祖母刘氏抚养，长到9岁才勉强能自己行走。

为了减轻刘氏的困苦，李曜把李密接去了朱提。然而，就在李密初谙世事，一心读汉书经文的时候，他的祖父不幸撒手人寰。李曜临终前拜托孟

■李密（582—619），字玄邃，一字法主，京兆长安人，祖籍辽东襄平，隋唐时期的群雄之一。李密出生于四世三公的贵族家庭，隋末天下大乱时，李密成为瓦岗军首领，称魏公，率军屡败隋军，威震天下。李密的曾祖父为西魏八柱国将军之一的李弼。祖父李曜，为北周的邢国公。父亲李宽为隋朝的上柱国，封蒲山郡公。李密擅长谋划，文武双全，志向远大，常常以救世济民为己任。

天府之国

蜀文化的特色与形态

《左传》是我国古代最早一部叙事详尽的编年体史书，原名为《左氏春秋》，汉代改称《春秋左氏传》，简称《左传》。相传是左丘明所著。既是一部战略名著，又是一部史学名著。与《春秋公羊传》《春秋谷梁传》合称"春秋三传"。

孝琚多多关照李密。

孟孝琚不负故友重托，留李密在朱提读书。15岁时，他念祖母孤苦执意回龙安村照顾祖母。李密回到龙安村当年便被武阳太守推举为孝廉。

家里失去祖父的经济依靠，加之祖母年老，田地收成逐渐减少，生活陷入贫困。李密深爱读书，又心疼祖母操劳，每日清晨便起床牵牛上九峰山放牛，他把《汉书》捆成一坨挂在牛角上，牛放到哪里他就读到哪里。这就是广为传颂的"牛角挂书"。

李密17岁，被孟孝琚以官学弟子的身份举荐入文翁学堂。李密更加刻苦学习，对《左传》尤其研读深透，他从中懂得了一些治国安邦的道理。

在文翁学堂，李密的文章受到师生的推崇。怀帝刘禅的光禄大夫谯周到文翁学堂来考察，看见了李密

■ 李密"挂角图"

文章的功底，深以为然，便取他为蜀汉"守尚书郎"。一年后升为"尚书郎"，在汉后主刘禅的左右处理政务。

李密沉默寡言，以才思敏捷文学著称。谯周的门生常夸赞李密，把他好比孔子的得意门生子夏和子游。李密对谯周像长辈一样爱戴，以弟子的虔诚侍奉谯周，令谯周常常感动于他的孝心。

李密做了3年尚书郎，被刘禅推荐给大将军姜维任主簿，处理军机要务。

■孙权画像

当时，诸葛亮吸取刘备单力赴会与魏国曹操征战的失败教训，拟采取联吴攻魏的外交战略。为使吴国消除芥蒂联合抗魏，李密奉命出使吴国访问孙权。

孙权因抱有成见，对初出茅庐的李密并不在意。

一天，孙权与李密谈道论义时，孙权说："在仲昆之间，我宁愿为弟。"

李密却说："我愿意为兄。"

孙权说："你为何愿为人兄呢？"

李密答："为兄供养孝敬父母的时间多一些。"

孙权及群臣无不叹服李密的孝心。

李密渊博的学识、雄辩的口才和人格魅力颇受东吴君臣的赏识，孙权最终被李密的诚恳说动，消除弥隔，结成联合抗魏的统一战线。蜀吴联盟有效遏制了

谯周（201—270），三国时期蜀汉学者、官员，著名的儒学大师和史学家，史学名著《三国志》的作者陈寿即出自他的门下。谯周被称为"蜀中孔子"，他博学广识，著书育人，忠肝义胆，忧国忧民，有一邦蒙赖，全国之功，魏封阳城亭侯。

玉玺 从秦代以后，皇帝印章专用名称为"玺"，又专以玉质，称为"玉玺"，有"皇帝之玺""皇帝行玺""皇帝信玺""天子之玺""天子行玺""天子信玺""传国玉玺"之称。"传国玉玺"又称"传国玺"，乃奉秦始皇之命所镇。

曹操雄霸三国的野心，一度保持着三国鼎立的局面。

后来，刘禅降魏，李密回到了家乡龙安村。祖母虽村野民妇，闻蜀已亡国也痛彻心扉，卧病不起。李密夜不解衣，亲自熬汤煎药，先尝过后，才一勺一勺地喂祖母。望着祖母垂垂老矣，一辈子含辛茹苦，自己却无以报答，李密每每潸然泪下。

作为一个亡国之臣，不能实现祖父的夙愿，李密只能做学堂先生了。李密的学堂很有名气，连武阳城池的弟子都来他的学堂读书。

263年冬，就在李密把教书作为余生寄托的时候，征西将军邓艾知道李密的才华，请他出山担任大将军主簿，诏书上盖有晋武帝司马炎的玉玺。

李密思考半晌，说自己放不下学堂这班弟子，况且祖母年事已高，儿子年幼上学，以奉养祖母培养儿子为由，婉言拒绝了聘请。

267年，晋武帝司马炎立太子，召集众臣商议聘请太子洗马的事。邓艾说："蜀国旧臣李密熟读经书，文笔一流，正在家乡立旌授学，何不诏为太子洗马？"

司马炎已知邓艾聘请李密出任主簿的事受阻，可太子洗马关系国策国计的大事，必须请一个德高望重的先生才成。司马炎当即下诏征李密为太子

■ 二十四孝亲尝汤药

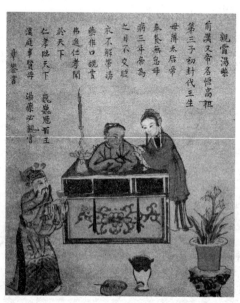

洗马，辅助太子政事、文理。

诏书，郡县不断催促。当时，李密的祖母已96岁，年老多病。于是，他向晋武帝上表，陈述家里情况，说明自己无法应诏的原因。这就是著名的《陈情事表》，或称《陈情表》《陈事表》：

晋武帝司马炎塑像

臣以险衅，夙遭闵凶。生孩六月，慈父见背；行年四岁，舅夺母志。祖母刘，愍臣孤弱，躬亲抚养。臣少多疾病。九岁不行。伶仃孤苦，至于成立。既无叔伯，终鲜兄弟。门衰祚薄，晚有儿息。外无期功强近之亲，内无应门五尺之童。茕茕子立，形影相吊。而刘夙婴疾病，常在床蓐；臣待汤药，未尝废离。

逮奉圣朝，沐浴清化。前太守臣逵，察臣孝廉；后刺史臣荣，举臣秀才。臣以供养无主，辞不赴命。诏书特下，拜臣郎中。寻蒙国恩，除臣洗马。猥以微贱，当待东宫，非臣陨首所能上报。臣具以表闻，辞不就职。诏书切峻，责臣逋慢。郡县逼迫，催臣上道。州司临门，急于星火。臣欲奉诏奔驰，则以刘病日笃；欲苟顺私情，则告诉不许。臣之进退，实为狼狈。

伏惟圣朝以孝治天下。凡在故老，犹蒙矜育；况臣孤苦，特为尤甚。且臣少事伪朝，历职郎署，本图宦达，不矜

■ 棋盘山壁画行孝图

天府之国

蜀文化的特色与形态

尚书郎 古代官名。东汉时期始置，选拔孝廉中有才能者入尚书台，在皇帝左右处理政务，初从尚书台令史中选拔，后从孝廉中选取。初入台称"守尚书郎中"，满一年称"尚书郎"，3年称"侍郎"。魏晋时期以后，尚书省分曹，各曹有侍郎、郎中等官，通称为"尚书郎"。

名节。今臣亡国贱俘，至微至陋。过蒙拔擢，宠命优渥，岂敢盘桓，有所希冀？但以刘日薄西山，气息奄奄，人命危浅，朝不虑夕。臣无祖母，无以至今日，祖母无臣，无以终余年。母孙二人，更相为命。是以区区不能废远。

臣密今年四十有四，祖母刘今年九十有六；是以臣尽节于陛下之日长，报刘之日短也。乌鸟私情，愿乞终养。臣之辛苦，非独蜀之人士，及二州牧伯，所见明知；皇天后土，实所共鉴。愿陛下矜悯愚诚，听臣微志。庶刘侥幸，卒保余年。臣生当陨首，死当结草。臣不胜犬马怖惧之情，谨拜表以闻！

这个表到了朝廷后，晋武帝看了之后，为李密对祖母刘氏的一片拳拳孝心所感，叹道："不空有名也。"

于是，晋武帝不仅同意李密暂不赴诏，还嘉奖他孝敬长辈的孝心，赏赐他奴婢两人，并指令武阳郡发给他赡养祖母的费用。

李密得到晋武帝"暂不赴诏"后，在家悉心照料祖母，直至告老送终。待到服丧期满，把学堂的授学委以一个鲜姓秀才后，这才出仕，先后任温县县令、尚书郎、汉中太守等职。

李密本望到朝廷任职，施展自己的聪明才智，但由于朝中无人推荐，一年后罢官归田。后病卒，终年64岁。

李密的《陈情表》以侍亲孝顺之心感人肺腑，婉转凄恻，真情沛然，被后人誉为"千古散文绝唱"，广为传诵，影响深远。

其人性光芒、孝思功用、文化魅力，使之成为我国古代散文名篇，并成就其在中华文化遗产中的重要地位。

阅读链接

龙安村之名源于一座始建于唐代的龙门寺。传说在祖母百年之后复归仕途的李密，任太守期间，在自己的故里，主持修建了这座寺庙。实际上，龙门寺兴建于唐代贞观年间，1466年重建，直至清代末期，道光皇帝颁发圣旨，龙门寺得以再次重建。据说，那时的龙门寺，8座寺庙连起一个群落，气势磅礴。

龙门寺大雄宝殿依山而建，在22米长的岩壁上，有唐代摩崖造像10龛，共计佛像60多尊。

光耀千秋的苏门三学士

1009年，苏洵生于眉州眉山，字明允。苏洵的父亲苏序，生有3子，长子名苏澹，次子名苏涣，三子名苏洵。

苏澹与苏涣都以文学举进士，只有苏洵从小就不喜欢读书，喜欢结交一些斗鸡走狗的城中少年，整日在外游荡。

苏洵读书画像

苏序也不管他，亲戚问是什么缘故，苏序淡然答道："你们不知道的。"过了20岁以后，他还是老样子，苏序还是充满信心地说："这样一个人，是不必担心他的。"

苏洵不到20岁就结婚了，娶眉山富豪大理寺丞程文应之女为妻。程氏系出名门，知书达理，以程氏之富下嫁到清寒

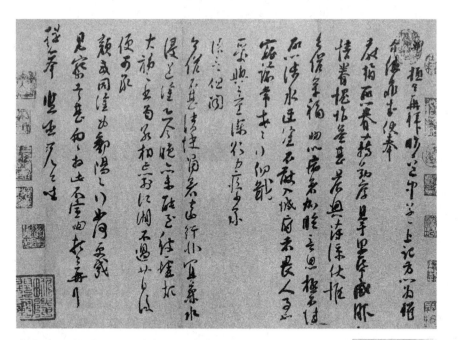

■ 苏洵行书《致提举监丞书札》

苏家来已是委屈，而夫婿又不知上进。

她是个非常要强的妇人，虽然不说什么，心里总是抑郁不乐，只好把家事一手承担下来，上事翁姑，下教子女，终日勤劳不息，希望有一天她的夫婿能够自己觉悟过来。

苏洵因此感叹折节，谢绝与他素所往来的少年，首次闭户读书，时年25岁。他仗着聪明以为读书没有什么难，然而，到第一次应乡试举人的时候，却不幸落第。

这次失败，使苏洵痛自检讨，再搬出几百篇自己的旧作细读，不禁喟然叹道"吾今之学，乃犹未之学也"，愤然将这批旧稿一把火烧个干净，决心取出《论语》《孟子》以及韩愈文来从头再读，继续穷究诗书经传诸子百家之书，贯穿古今。

进士 是我国古代科举制度中殿试及第者之称。此称始见于《礼记·王制》。隋炀帝大业年间始置进士科目。唐代也设此科，凡应试者谓之举进士，中试者皆称"进士"。元明清时期，贡士经殿试后，及第者皆赐出身，称"进士"。

天府之国

蜀文化的特色与形态

■三苏雕塑

砚台 是我国传统的文房四宝之一。最早出现的砚台是石砚。汉代出现了铜砚、陶砚、银砚、徐公砚、木胎漆砂砚等，六朝时期至隋代最突出的就是瓷砚的出现。唐代是砚台的重要发展时期，出现了端石和歙石两大砚材，明清时期出现了瓦砚、铁砚、锡砚、玉砚、象牙砚、竹砚等。

苏洵每天端坐在书斋里，苦读不休者达六七年，并发誓读书未成熟前，不写任何文章。此时他已27岁。

苏洵发愤后，读书的态度和以前迥然不同。相传有一年的端午节，夫人看他一直待在书房里，连早餐也忘了，特地剥了几个粽子，连一碟白糖，送去书房，没有打扰他便悄悄地走开了。

近午时分，夫人收拾盘碟时，发现粽子已经吃完，糖碟原封未动，在砚台的四周却残留下不少的糯米粒，苏洵的嘴边也是黑白斑斑，黑的是墨，白的是糯米粒。原来，苏洵只顾专心读书，把砚台当成糖碟，蘸在粽子上的是墨不是糖。

苏洵与夫人程氏结婚后，接连生了两个女儿，都夭折了。他26岁时，生了长子景先，翌年又生一女，即是后来嫁与程之才的幼女八娘，28岁时生了次子苏轼。可是长子景先却在苏轼出生后的第二年就死了。

31岁时，又生了苏辙。

1040年，苏洵到阆州去探望在那儿做官的哥哥苏涣，看到哥哥治理地方成绩很好，颇受感动。

不久，他东下出夔州巫峡，顺流而到荆州一带，游学各地，结交有学问的师友，增加了不少见闻和人生经验。后来，回乡，在家中教两个儿子读书。

1056年，苏洵认为两个儿子已学有所成，便带他们去京城应试，他们取道川北，经成都、陕西，东下至河南。到达开封时，恰好连月苦雨，城中淹水，到处房子都倒塌了，苏家父子只好借住在兴国寺。

是时，苏洵撰写《欧阳内翰第一书》《权书》

欧阳修（1007—1072），北宋时期文学家、史学家，而且在政治上负有盛名。因吉州原属庐陵郡，以"庐陵欧阳修"自居。谥号文忠，世称"欧阳文忠公"。与韩愈、柳宗元和苏轼合称"千古文章四大家"。"唐宋散文八大家"之一。

■ 苏洵读书塑像

人杰地灵

川蜀底蕴

苏洵奋读书

士大夫 旧时指官吏或较有声望、地位的知识分子。在中世纪，通过竞争性考试选拔官吏的人事体制为我国所独有，因而形成了一个特殊的士大夫阶层，即专门为做官而读书考试的知识分子阶层。是中国社会特有的产物，是知识分子与官僚相结合的产物，是两者的胶着体。

《衡论》及《洪范史论》等著作，欧阳修一见大为赞赏，认为可与刘向、贾谊相媲美，于是向朝廷推荐苏洵。

公卿士大夫争相传诵，苏洵文名因而大盛。在此期间，苏洵认识了保聪禅师，说道：

> 予在京师，彭州僧保聪来求识予甚勤，
> 及至蜀，闻其自京师归，布衣蔬食以为其徒
> 先，凡若干年，而所居圆觉院大治。

同年8月，苏氏兄弟应开封府乡试，两人皆中选。

1057年，翰林学士欧阳修知贡举，梅圣俞参与其事。他们看了苏轼的试卷，"以为异人"；对苏辙也颇欣赏，"亦以谓不忝其家"，于是兄弟俩同第进士高等。苏轼当时22岁，苏辙19岁。

由于苏氏兄弟一起高中，还曾引起一场风波，落第的考生们有表示不服的，甚至怨谤纷纷。但是"一日父子隐然名动京师，而苏氏文章遂擅天下"。许多考生，争读他们的文章，甚至学习他们朴实高古的风格。

当时有谚语说：

■ 苏轼画像

> 苏文生，吃菜根；苏文熟，
> 吃羊肉。

是说精熟三苏的文章，就能登科及第，享有富贵，足见三苏文章受世人重视的程度。

据说，苏辙兄弟登科时，苏洵对两个儿子以一举成功，而自己却曾是科场的败将，颇为感触道："莫道登科易，老夫如登天；莫道登科难，小儿如拾芥。"

不幸的是，同年的4月，程氏还没有接到两个儿子的喜讯，就一病去世了。父子三人听到噩耗，便匆匆赶回眉山故里，料理丧事。

059

人杰地灵

川蜀底蕴

■ 苏辙画像

1058年11月，宋仁宗下令要苏洵上京"试策论"，他"以五十衰病之身，奔走万里以就试"，就托病推辞了。不过，他在5000余言的《上皇帝书》中还是认真地提出了10项改革政治的建议，表达了他关心国家命运的襟怀。

1059年6月，宋仁宗又下了一道诏命，催苏洵入京。9月苏洵应诏赴京师，于是父子三人同行。

他们上次赴就应试走的是陆路，这次赴京则改走水路，由巫峡出蜀。大概是想借此机会，多游山川名胜，饱览各地景物，12月8日抵荆州江陵，苏辙将舟中所吟之诗赋100首，汇为《南行集》。因为天气寒冷，父子三人便暂住在江陵过年。

1060年8月，经韩琦推荐苏洵被任命为秘书省

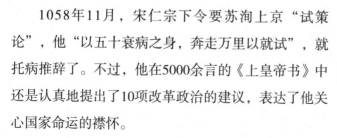

韩琦（1008—1075），北宋时期政治家、名将、文学家。天圣进士，官至宰相，与范仲淹并称"韩范"，名重一时。家聚书万余卷，在安阳故里筑"万籍堂"藏书楼。著有《安阳集》《二府忠议》《家传集》等。

校书郎，后为霸州文安县主簿，后与陈州项城县令姚辟一同修撰礼书《太常因革礼》。书成不久卒，即1066年5月21日去世，朝廷追赠苏洵为"光禄寺丞"。

苏氏父子三人积极参加和推进了欧阳修倡导的古文运动，他们在散文创作上都取得了很高的成就，后来俱被列入"唐宋八大家"。三苏之中，苏洵和苏辙主要以散文著称；苏轼则不但在散文创作上成果甚丰，而且在诗、词、书、画各个领域中都有重要地位。

苏轼的诗清新豪健，善用夸张、比喻，艺术表现独具风格，与黄庭坚并称"苏黄"；词开豪放一派，对后世有巨大影响，与辛弃疾并称"苏辛"。

书法"自出新意、不践古人"，擅长行书、楷书，能自创新意，开创"尚意"书风，用笔丰腴跌宕，有天真烂漫之趣，与黄庭坚、米芾、蔡襄并称"宋四家"，其作《黄州寒食帖》被誉为天下第三行书。

在绘画方面擅画枯木竹石，反对程式束缚，重视神似，提倡"士人画"，为其后世"文人画"的发展奠定了坚实的基础。

阅读链接

有一次，苏东坡和黄庭坚住在金山寺中。一天，他们打面饼吃。两人商量好，这次打饼，不告诉寺中的佛印和尚。过了一会儿，饼熟了，两人算过数目，先把饼献到观音菩萨座前，殷勤下拜，祷告一番。不料，佛印预先已藏在神帐中，趁两人下跪祷告时，伸手偷了两块饼。

苏轼拜完之后，起身一看，少了两块饼，便又跪下祷告说："观音菩萨如此神通，吃了两块饼，为何不出来见面？"

佛印在帐中答道："我如果有面，就与你们合伙做几块饼吃吃，岂敢空来打扰？"

蜀中拾英

　　自李冰建都江堰后，成都平原、岷江流域变成"水旱从人民不知饥馑……谓之天府"，蜀地就开始享有"天府之国"的美誉。

　　得天独厚的自然条件，悠久的历史和丰厚的人文积淀，蜀之先民不仅创造出了较高水平的物质文明，还留下了丰富的历史文化遗产，包括历代寺庙、园林、古建筑、古城镇、古塔、石刻、古碑、年画……

工艺独特的成都蜀锦

蜀锦，又称"蜀江锦"，是一种具有汉民族特色和地方风格的多彩织锦。它与南京的云锦、苏州的宋锦、广西的壮锦一起，并称为我国"四大名锦"，有"中国四大名锦之首"的美誉，以年代久远、工艺独特而被誉为"东方瑰宝，中华一绝"。

■ 多纹蜀锦

蚕桑文明在蜀地起源甚早，古蜀第一位先王蚕丛，据说便已教民养蚕。据《尚书》记载，春秋战国时期，时人已经把成都出产的锦专称为"蜀锦"。再加上不断形成的"南方丝绸之路"，蜀锦开始销往印度、缅甸，蜀锦经营规模不断扩大。蜀地的丝绸生产已成为一项重要的产业。

至汉代，成都织锦业日盛，以至"机杼相和"，蜀锦织造技巧日趋熟练，以其做工精致、花式繁多闻名于世。朝廷在成都设有专管织锦的官员，因此成都被称为"锦官城"，简称"锦城"。

而环绕成都的锦江，也因有众多织工在其中洗濯蜀锦而得名。十样锦是蜀锦的主要品种之一，简称"什锦"。张骞出使西域，见当地商贾皆偏爱一种锦缎，张骞一看，原来是成都的蜀锦。

■ 少数民族织锦

汉代蜀郡成都人扬雄在《蜀都赋》中写道：

> 若挥锦布绣，望芒兮无幅。尔乃其人，
> 自造奇锦。发文扬彩，转代无穷。

秦汉时期的织锦图案突破了我国自西周以来装饰图案的单调格式，把简单的、静态的菱形几何纹、回

《尚书》为一部多体裁文献汇编。相传为孔子编定。战国时期总称《书》，汉代改称《尚书》，即"上古之书"。因是儒家五经之一，又称《书经》。该书分为《虞书》《夏书》《商书》《周书》。

纹、云雷纹和云气纹发展为在云气之间自由奔驰的各种祥禽瑞兽等动物图案，统称为"云气动物纹"。

其线条比较粗犷、生动、简练，造型奔放活泼，取材主要是当时日常生活中人们普遍接触到的云彩鸟兽、狩猎骑射等内容。

在此时期，锦纹图案中还常常配以各种吉祥的铭文，如"富且昌""大宜子孙""万年益寿""长生无极""长乐明光""登高明望四海"等，这些铭文与当时的社会风俗和宫廷活动都有密切的关系。如"万年益寿""长生无极"等是当时的生活用语，"登高明望四海"，可能是颂扬汉武帝刘彻登泰山封禅的活动。

登高明望四海锦，在锦面上呈现风云流动，祥兽奔腾的生动气象，云纹、祥兽彼此穿插自如，加上汉隶作为铭文点缀其中，构成一幅完整的艺术画面。

东汉时期以来丝织物加金技术，首先用于蜀锦，但其基本图案和织造方法仍然是汉代的延续。

南北朝时期，一些动物图案以安详的静态为主，如方格兽纹锦。在方形彩色格子中，排列着卧狮、奶牛、大象等静态的动物，采用两组彩条经线来衬托主

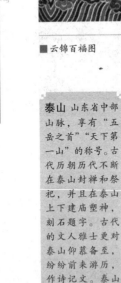

■ 云锦百福图

064
天府之国
蜀文化的特色与形态

泰山 山东省中部山脉，享有"五岳之首""天下第一山"的称号。古代历朝历代不断在泰山封禅和祭祀，并且在泰山上下建庙塑神，刻石题字。古代的文人雅士更对泰山仰慕备至，纷纷前来游历，作诗记文。泰山宏大的山体上留下了20余处古建筑群，2200余处碑碣石刻。

体图案，形成一种新颖的风格。

这段时期还出现了带波状主轴的植物纹样，以及缠枝连理、对称纹样等。

成对称排列的动植物图案装饰在一定的几何骨架之中，如新疆阿斯塔拉墓出土的北朝时期的树纹锦，树的形象采用左右规则而对称的排列，各组树纹上下之间缀以菱形点，显现出色彩明暗的层次变化，规则而不呆板，树纹采用红色的彩条经线显现，有明亮突出的色彩效果，是一种典型的彩条经锦。

唐代时期，四川的蚕丝业步入鼎盛时期，那时的蜀锦，代表着我国古代丝织技艺的最高水平。唐代贞观年间首开文字织锦之先河，四川进贡的一件以丝线织成的文字锦王羲之的《兰亭序》是其最杰出的代

王羲之（303—361），东晋时期著名书法家，有"书圣"之称。其书法兼善隶、草、楷、行各体，精研体势，心摹手追，广采众长，备精诸体，冶于一炉，摆脱了汉魏笔风，自成一家，影响深远。代表作《兰亭序》被誉为"天下第一行书"。在书法史上，他与其子王献之合称为"二王"。

■ 云锦麒麟

■云锦

表作，被当作"异物"收入宫中。

唐代蜀锦的图案有格子花、纹莲花、龟甲花、联珠、对禽、对兽等。唐代末期，又增加了天下乐、长安竹、方胜、宜男、狮团、八答晕等图案。红色绫地宝相花织锦绣袜，即典型的宝相花纹锦。

随着蜀锦的纺织技术不断成熟，宋代宋神宗统治期间，在成都开办"成都府锦院"，有127间机房、154台织机供织锦所用，而且日用挽丝之工164人，用杼之工154人，炼染之工11人，纺绎之工110人，在朝廷支持下蜀锦业规模进一步扩大。其间所织的"灯笼锦"和"落花流水锦"流行于民间，成为当时的经典。

在宋元时期，发展了纬起花的纬锦，其纹样图案有庆丰年锦、灯花锦、盘球、翠池狮子、云雀，以及瑞草云鹤、百花孔雀、宜男百花、如意牡丹等。

天华锦源于宋代"八达晕"锦，也称"添花""锦群"。以圆、方、菱形等几何图形作有规律的交错重叠，内饰多种纹样，并在中心处突出较大的花形，形成变化多样的满地锦式，素有"锦上添花"之美誉。

而在明末清初蜀地经历了长达37年的战乱，巴蜀大地荒烟蔓草，物是人非，蜀锦纺织业已经被摧残殆尽，"锦坊尽毁，花样无存"。

在清代初期的时候，织品花样只存天孙锦一种。直至康熙年间，外逃或被俘的锦工才回到成都，重操旧业，锦城又响起了"轧轧弄机杼"的声音。

在康熙皇帝的支持下，蜀锦纺织业不断恢复和发展，清代末期达到了顶峰，产生了被称为"晚清三绝"的月华锦、雨丝锦和方方锦。但由于江南丝织业的发达兴旺，地位上升，四川的丝织业一直没有达到明代盛时的地位。

蜀锦的品种繁多，传统品种有雨丝锦、方方锦、铺地锦、散花锦、浣花锦、民族锦、彩晕锦等。

雨丝锦的特点是锦面用白色和其他色彩的经丝组成，色络由粗渐细，白经由细渐粗，交替过渡，形成色白相间，呈现明亮对比的丝丝雨条状，雨条上再饰以各种花纹图案，粗细匀称，既调和了对比强烈

■明锦孔雀开屏

牡丹是我国特有的木本名贵花卉，素有"国色天香""花中之王"的美称。原产于西部秦岭和大巴山一带山区。已有数千年的自然生长和2000多年的人工栽培历史。牡丹花被拥戴为花中之王，有关文化和绘画作品很丰富。

的色彩，又突出了彩条间的花纹，具有烘云托月的艺术效果，给人以一种轻快而舒适的韵律感。

方方锦的特点是缎地纬浮花，在单一地色上，以彩色经纬线配以等距不同色彩的方格，方格内饰以不同色彩的圆形或椭圆形的古朴典雅的花纹图案，如梅鹊争春、凤穿牡丹、望江楼、百花潭等。

铺地锦又称"锦上添花"，其特点是在缎纹组织上用几何纹样或细小的花纹铺满地子，再在花纹上嵌织大朵花卉，如宝相花等。色彩丰富、层次分明，显得格外富丽堂皇。

散花锦的特点是花纹布满锦地，常见的图案有如意牡丹、瑞草云鹤、百鸟朝凤、五谷丰登、龙爪菊、云雁等，富于浓厚的地方色彩和民族风格。

■云锦百寿图

浣花锦又称"花锦"，它是由古代名锦"落花流水锦"发展而来的。传说唐代卜居成都浣花溪的贵妇人根据溪水荡漾的变化而设计的花纹，而且在锦织成后，多数在锦江上游溪水潭内洗涤，故而得名。其特点是锦地组织采用平纹或缎纹以曲水纹、浪花纹与落花组合图案，纹样图案简练古朴，典雅大方。

民族锦一般采用多色彩条嵌入金银丝织成，多用于民族服饰，故而得名。其特点是锦面上的图案从经纬线交织中显现出自然光彩，富有光泽。常见的图案有团花、葵花、"万"字、"寿"字等。

彩晕锦的特点是织纹华贵相映，明暗匹配，层次分明，并以色晕过渡，花纹绚丽多彩，别具一格。

蜀锦图案的取材十分广泛、丰富，诸如神话传说、历史故事、吉祥铭文、山水人物、花鸟禽兽等，千百年来不

■云锦

断发展、提炼，具有高度的概括性和艺术水平，其中寓合纹、龙凤纹、团花纹、花鸟纹、卷草纹、几何纹、对禽对兽纹以及方方、晕裥、条锦群等传统纹样仍为广大人民群众喜闻乐见。

清代蜀锦，在国外仍然享有盛名，被称为"名贵的蜀江锦"。1909年蜀锦参加南洋博览会，获得"国际特奖"。

阅读链接

蜀地农业与蚕桑业十分发达，种植和应用天然色素植物的历史悠久，形成了一套自成特色的染织工艺体系。色素与色谱比较齐全，特别是染红色，最为著名。蜀锦又被称为"蜀红锦""绯红天下重"。蜀地染的蜀红锦，色彩鲜艳，经久不褪。

已知流传到日本的许多著名蜀锦，如"格子红锦""赤狮凤纹蜀江锦""唐花纹锦""铺石地折枝花纹蜀江锦"均是红色或以红色为地色。

在日本的正仓院、法隆寺珍藏有赤地鸳鸯唐草纹锦大幡垂饰、紫地狮子奏乐纹锦、狩猎纹锦等唐代的蜀江锦。

名闻天下的川西蜀绣

■精美的蜀绣

蜀绣，又称"川绣"，是指出产于我国四川成都及其周边的刺绣品，因地缘关系而得名。与江苏苏州的苏绣、湖南长沙的湘绣和广东的粤绣并列为"中国四大名绣"。

蜀绣的生产具有悠久的历史。早在汉代，蜀绣之名就已誉满天下。至西汉末期，刺绣已成为"女工之业，覆衣天下"。

当时艺高的绣女被朝廷官府控制，汉代少府属官的东织室、西织室，就是专为皇室加工缯帛纹绣高级成衣而设立的。因绣品显示出非凡之技而被皇亲国戚们视为珍宝。

汉代以后至五代十国时期，四川相对安定的局面为蜀绣的发展创造了有利的条件，社会需求的不断增大，刺激了蜀绣业的飞速发展。至宋代，蜀绣的发展达到鼎盛时期，绣品在工艺、产销量和精美程度上都独步天下。

■古典蜀绣屏风

清代中叶以后，散布于民间的蜀绣艺人已相当众多，并形成了许多小型刺绣作坊，成立了民间组织"三皇神会"，这是一个由铺、料、师组成的刺绣业的专门行会。可见，当时蜀绣已从家庭逐渐进入市场，形成广为社会所需的规模生产。

那时成都的刺绣手工作坊在九龙巷、科甲巷一带有八九十家，蜀绣主要分3类：穿货、行头、灯彩。

1903年，清代朝廷在成都成立四川省劝工总局，内设刺绣科，聘请名家设计绣稿，同时钻研刺绣技法。在此时期，除实用品外，更丰富了刺绣欣赏品类，如条屏、中堂、斗方、横披等。

题材除以古代名家画作如苏东坡的怪石丛条、郑板桥的竹石、陈老莲的人物等为粉本，又请当时名画家如刘子兼、赵鹤琴、杨建安、张致安等设计绣稿，并绣制流行图案。

苏绣 优秀的民族传统工艺之一。已有2000余年的历史，早在三国时期就有了关于苏绣制作的记载。清代是苏绣的全盛时期，流派繁衍，名手竞秀。具有图案秀丽、构思巧妙、绣工细致、针法活泼、色彩清雅的独特风格，地方特色浓郁。

■蜀绣罗汉渡水

既有山水花鸟、博古、龙凤、瓦文、古钱一类，又有民间传说，如八仙过海、麻姑献寿、吹箫引凤、麒麟送子等，也有隐喻喜庆吉祥荣华富贵的喜鹊闹梅、鸳鸯戏水、金玉满堂、凤穿牡丹等，十分丰富。

这样一来，既提高了蜀绣的艺术欣赏性，同时也产生了一批刺绣名家，如张洪兴、王草廷、罗文胜、陈文胜等。张洪兴等名家绣制的动物四联屏并获巴拿马赛会金质奖章。张洪兴绣制的狮子滚绣球挂屏又得清王朝嘉奖，授予五品军功，为蜀绣赢得很大声誉。

起源于川西民间的蜀绣，由于受地理环境、风俗习惯、文化艺术等各方面的影响，经过长期的不断发展，逐渐形成了严谨细腻、光亮平整、构图疏朗、浑厚圆润、色彩明快的独特风格。

蜀绣绣法灵活，适应力强。一般绣品都采用绸、缎、绢、纱、绉作为面料，并根据绣物的需要，制作程序、配色、用线各不相同。蜀绣的绣刺技法甚为独特。据统计，蜀绣的针法有12大类、122种。常用的针法有晕针、铺针、滚针、截针、掺针、沙针、盖针等。

蜀绣常用晕针来表现绣物的质感，体现绣物的光、色、形，把绣物绣得惟妙惟肖，如鲤鱼的灵动、金丝猴的敏捷、人物的秀美、山川的壮丽、花鸟的多

苏东坡（1037—1101），即苏轼，北宋时期文学家、书画家。是豪放派词人的主要代表之一，与欧阳修并称"欧苏"，与黄庭坚并称"苏黄"，与辛弃疾并称"苏辛"，为"唐宋八大家"之一。代表作品有《水调歌头·中秋》《赤壁赋》《江城子·乙卯正月二十日夜记梦》《记承天寺夜游》等。

姿、大熊猫的憨态等。

晕针是一种有规律的长短针，分全三针、二二针、二三针3种。全三针是长短不等的三针；二二针是两长两短的针；二三针是两长三短的针。

各种针脚都须密接相挨，每排长短不等，但针脚是相接的，交错成水波纹。全三针适用于倾斜运针的绣面，向左倾斜的先由短针到长针，向右倾斜的先由长针到短针；二二针适用于小面积部位；二三针用处较广，凡正面或稍倾斜的绣面部适用此种针法。

晕针绣花、鸟、虫、鱼、人物、走兽，不仅易于浸色，更能体现出事物的自然本质和真实感。

滚针适于绣蜀葵、芙蓉花叶的叶脉，以及树藤、松针、烟云、人物衣褶等。这种针法能体现绣制物像的自然形态。

蜀绣的技艺特点有线法平顺光亮、针脚整齐、施针严谨、掺色柔和、车拧自如、劲气生动、虚实得体，任何一件蜀绣都淋漓尽致地展示了这些独到的技艺。

所谓"车"是指刺绣的关键部位，如动物的眼睛，一朵花的花瓣等，由中心起逐渐向四周扩展；所谓"拧"则是指运用长

蜀葵 是多年生草本。由于它原产于四川，故名曰"蜀葵"。又因其可达丈许，花多为红色，故名"一丈红"。茎直立而高。叶互生，心脏形。花呈总状花序顶生单瓣或双瓣，有紫、粉、红、白等色。

■ 精美的蜀绣屏风

蜀绣花鸟

短不同的针脚，从刺绣形象的外围逐渐向内添针或减针。这种独特的绣工使绣制作品有张有弛，浓淡适度，密疏得体，极具一定的艺术效果。

蜀绣的绣品品种繁多，色彩丰富。其图案主要以民间流行的题材为内容，一般是取寓意或谐音来表达某个含义，常取吉祥喜庆等百姓心目中美好的愿望为题材。

如表示爱情的鸳鸯戏水，表示富贵的凤凰牡丹，表示家庭和睦、人畜两旺的五子登科，表示长寿的松柏仙鹤等，在以人物为题材的蜀绣中，有福禄寿三星、百子图一类的寓意性题材，在彩帐上多取材于戏曲、民间流行的传奇故事。

阅读链接

刺绣是我国优秀的民族传统工艺之一，刺绣与养蚕、缫丝分不开，所以叫"刺绣"，又称"丝绣"。

我国在四五千年前就已经开始了养蚕、缫丝了。据《尚书》记载，4000年前的章服制度就规定"衣画而裳绣"。至周代，有"绣缋共职"的记载。唐宋刺绣施针匀细，设色丰富，盛行用刺绣作书画、饰件等。宋代时期崇尚刺绣服装的风气，已逐渐在民间广泛流行。除了"四大名绣"外，还有京绣、鲁绣、汴绣、瓯绣、杭绣、汉绣、闽绣等地方名绣，少数民族如维吾尔、彝、傣、布依、哈萨克、瑶、苗、土家、景颇、侗、白、壮、蒙古、藏等也都有自己特色的民族刺绣。

积淀丰厚的成都寺庙

　　自古以来，成都佛教文化源远流长，名刹众多，有文殊院、昭觉寺、大慈寺、石经寺、龙兴寺、观音寺等。其中，大慈寺、文殊院、昭觉寺最有特点。

　　大慈寺位于成都市中心，是一座历史悠久、规模宏大、文化积淀

成都寺庙

丰厚的名刹，世传为"震旦第一丛林"。

据宋代普济《五灯会元》记载，印度僧人宝掌"魏、晋间东游此土，入蜀礼普贤，留大慈"。

618年三藏法师玄奘从长安到成都，随宝暹、道基、志振等法师学习佛教经论。622年春玄奘在成都大慈寺律院受戒并坐夏学律。玄奘在成都四五年间，穷通诸部，常在大慈、空慧等寺讲经，为蜀人所景仰。

756年安禄山攻陷长安，唐玄宗避难成都。玄宗见大慈寺僧人英干在成都街头施粥，救济贫困百姓，并为国家祈福。他深受感动乃为英干敕书"大圣慈寺"匾额赐田1000亩。次年无相禅师重建大圣慈寺。

801年，韦皋镇蜀，扩修大慈寺普贤阁，又凿解玉溪流经寺前，使大慈寺环境更趋完美，成为唐代颇具声望的讲经胜地。

845年武宗灭佛，大慈寺因有唐玄宗题额，故"不在除毁之例"，是当时成都唯一保存下来的佛寺，也是当时蜀中规模最大的佛寺。

大慈寺在唐宋时期极盛时，占有成都东城之小半，是当时成都的游览名区，同时，解玉溪两岸还形成夜市。从《方舆胜览》"登大慈寺前云锦楼观锦江夜市"和田况诗《登大慈寺阁观夜市》的记述中，说明了宋代大慈寺附近夜市的盛况。夜市习俗，一直沿袭下来。

■成都大慈寺

　　1435年，大慈寺毁于火灾。清代顺治间重修，知府冀应熊为书"大慈寺"匾额。

　　1867年再次重修，中轴线上的建筑为山门殿、弥勒殿、观音殿、大雄宝殿、说法堂及藏经楼、接引殿，两旁建筑为客堂、斋堂、禅堂、戒堂等，共占地40余亩，山门殿上方，刻有四川按察使黄云鹄榜书"古大圣慈寺"石匾；各殿堂石柱上，刻有清代名士顾复初等撰书的楹联。

　　大慈寺最有特色和影响的是壁画。由于唐玄宗、唐僖宗先后来蜀，许多著名画师也聚集成都，使成都绘画之风大盛。在大慈寺中，仅壁画就有千余幅，留下作品的全国知名画师多达六七十人。

　　宋代苏轼与苏辙游大慈寺，对唐代佛画大师卢楞伽《渡海罗汉图》备加赞赏，称大慈寺壁画"精妙冠世"。宋代李之纯《大圣慈寺画记》称："举天下之言唐画者，莫如大圣慈寺之盛。"

　　文殊院有悠久的历史。相传隋代时，隋文帝之子

玄奘（602—664），汉传佛教史上最伟大的译经师之一，我国佛教法相唯识宗创始人。玄奘所译佛经，多用直译，笔法谨严，撰有《大唐西域记》，为研究印度以及中亚等地古代历史地理之重要资料。玄奘的故事在民间广泛流传，例如《西游记》中心人物唐僧，即是以玄奘为原型。

蜀王杨秀的宠妃为当时的"圣尼"信相所建，故称"信相寺"。五代时期一度改名"妙圆塔院"。宋代仍称"信相寺"。明代末期，信相寺毁于兵火，建筑俱焚，唯有10尊铁铸护戒神像和两棵千年古杉，历劫尚存。

1681年，慈笃禅师来到荒芜的古寺，在两杉之间结茅，苦行修持，数年之间行著四方，声名远扬。传说慈笃禅师圆寂火化时，红色火光在空中凝结成文殊菩萨像，久久不散。人们认为慈笃是文殊菩萨的化身，从此改信相寺为"文殊院"。

清代康熙年间，官绅军民捐资重修寺庙，嘉庆、道光年间，文殊院方丈本圆法师又采办了82根石柱，改建、扩建了主要殿堂。

文殊院坐北朝南。寺院的山门对面有一道宏伟的大照壁，壁上镌刻的"文殊院"3个字，为清代康熙年间该院慈笃海月禅师所书。

院内天王殿、三大士殿、大雄宝殿、说法堂、藏经楼5座大殿递相连接，与东西两侧的钟楼、斋堂、廊房等建筑浑然一体，庄严肃穆，古朴宽敞，为典型的清代建筑。两旁配以禅、观、客、斋、戒和念佛堂、职事房，形成一个封闭的四合院。两相对峙的三檐式钟鼓楼，钟楼里悬有4500多千克的铜铸大钟一口。

文殊院内文物荟萃，宝物众多。寺内供奉大小300余尊佛像，有钢铁铸造，有脱纱、木雕，有石刻、泥塑，十分丰富。从年代而论，有出土的梁代石刻，有唐宋时期铁铸戒神，更有清代青铜铸像，还有缅甸玉佛，这些塑像具有很高的文物价值和艺术价值，为我们研究古代雕塑、铸造等工艺提供了宝贵的资料。

文殊院还珍藏了明清时期的书画珍品，最著名的是康熙皇帝1702年御赐文殊院的"空林"墨迹，以及康熙临摹宋代书法家米芾的《海月》条幅。此外，还有印度贝叶经、唐代玄奘法师头骨、唐代日本鎏金经简、千佛袈裟、发绣观音、挑纱文殊和舌血含宝等佛教文物。

昭觉寺在成都市北郊5千米。素有川西"第一禅林"之称。在汉代是眉州司马董常故宅。唐代贞观年间改建为佛刹，名称"建元寺"。877年唐代高僧、禅宗曹洞宗传人休梦禅师任建元寺住持，他兴工构殿，扩建寺庙，并奉旨改寺名为"昭觉"。五代十国时期，战乱迭起，昭觉寺仅存"房舍五间，田土三百廛"。后殿堂衰颓，寺庙荒芜。

1008年，休梦法师五世法嗣延美禅师住持昭觉，用了30多年的时间进行全面修复，殿堂房舍增至300余间，建有大雄宝殿、唱梵堂、罗汉堂、六祖堂、翊善堂、列宿堂、大悲堂、轮藏阁等主体建筑，塑

■成都文殊院

像、画像、碑记、寺额等恢复旧貌。

1085年，禅宗临宗禅师纯白任昭觉寺住持，开堂说法，从者甚多，被称为"西川第一丛林"。1387年，朱元璋命蜀献王迎接智润禅师任昭觉寺住持，并扩建寺庙。1644年毁于兵火。

1663年，丈雪法师在此结茅禅居，筹款重建，先后修建了大雄宝殿、圆觉殿、天王殿、金刚殿、说法堂、藏经楼、八角亭等殿宇，重塑佛像，迎请佛经，恢复丛林大观。

1673年，佛冤法师任昭觉寺住持，又继建先觉堂、御后楼、五观堂，客堂、钟鼓楼及寮房300余间。

1703年，康熙皇帝赐昭觉寺"法界精严"匾额，并题五言律诗一道赞之：

入门不见寺，十里听松风。

香气飘金界，清阴带碧空。

霜皮僧腊老，天籁梵音通。

咫尺蓬莱树，春光共郁葱。

阅读链接

据传说，当年破山祖师复兴昭觉寺后，广收弟子，光大了双桂禅系。有一天，破山祖师要出去云游，并说：如果殿内的庭柱离开了下面的石砧凳、香案上的延瓢飞了、殿外的两棵黄果树包住了中间的石碑，他都还没有回来的话，就另立方丈，主持寺院、传承双桂禅法。

破山祖师走后3年，祖师殿内的一根木柱果然离开了石砧凳；又过了3年，大雄宝殿香案上的延瓢果然不翼而飞；再过了3年，大雄宝殿外的两棵黄果树长大并且包住了中间的石碑。

但是，破山祖师依然没有回来，留下的是可以见到的遗迹。

后来，成都人把"柱离凳"的殿称为"吊足楼"。

历史悠久的新都宝光寺

　　作为古蜀国三都之一，四川的新都犹如一颗镶嵌在成都平原上的明珠。在新都境内，有宝光寺，寺内殿宇深幽，古木葱茏，五殿十六院层层递进。这所寺庙保存了我国早期佛寺"寺塔一体、塔踞中心"的典型布局，是成都地区历史最悠久、规模最宏大、收藏文物最丰富

■新都宝光寺

■ 宝光寺香炉

皇帝 是我国帝制时期最高统治者的称号。在上古三皇五帝时期，单称"皇"或"帝"；从夏代第二任君主启开始至秦代帝国之前，称为"王"；秦王嬴政统一中国之后，认为自己"德兼三皇、功盖五帝"，创立"皇帝"一词作为华夏最高统治者的正式称号。

的一座佛教寺庙。

宝光寺相传始建于东汉时期，隋代名"大石寺"，寺中的塔叫"福感塔"。据寺内出土的唐代《施衣功德碑》记载，741年，寺庙已经叫"宝光寺"了。寺中的佛塔，名叫"宝光塔"。

845年，唐武宗李炎下令拆毁天下大寺4600余所，小寺4万余所，宝光寺难免劫难，宝光塔也被摧毁。847年，宝光寺得以恢复，但塔未重修。

880年，唐代黄巢起义军攻破了长安。次年，唐僖宗李儇在500神策军的保护下南逃入蜀。881年7月，僖宗路经新都，驻跸于宝光寺。

唐僖宗平生崇信佛教，到了成都，立即派郭尊泰捧着皇帝的玺书，迎请隐居在彭州九陇山的高僧悟达国师到僖宗驾前随行。后来，他觉得这里环境很好，又距成都不远，便在寺后修建行宫。

883年3月8日，僖宗来蜀已近3年。据说这天晚上他在行宫闷闷不乐，夜不成眠便到寺中散步。忽然，他见宝光塔废墟上霞光迸射，便惊慌失措地问悟达国师是怎么回事？

悟达回答说："此乃舍利放光，为祥瑞之兆，今黄巢已平，陛下可回长安了。"

僖宗大喜，叫人挖掘，果然在塔宫内发现石函，函内有佛舍利13粒，晶明莹彻，光彩照人。于是，僖宗命悟达国师重修宝塔，扩建佛寺。宝塔取名为"无垢净光宝塔"，佛寺仍名"宝光寺"。

当时寺内有僧众1000余人，"蜀中之梵宫佛院未有盛于此者"。悟达国师也被尊为宝光寺唐代的开山祖师。

1109年，我国佛教禅宗临济宗第十一代祖师佛果克勤住持宝光寺，并拓展寺庙规模，请宋徽宗敕赐宝光寺名大觉寺。据清道光碑刻《宝光禅院创建重修端末记》称："宋圆悟禅师修持说法，接众数千。"此寺进入了宋代的极盛时期。

元代寺庙一度残破。明代初期，石子美等人捐资培修，复名"宝光寺"。1413年心空和尚在寺内建造尊胜陀罗尼咒石经幢，后毁于火灾。明代正德年间，宝光寺经当朝首辅大学士杨廷和与翰林院修撰、新都状元杨升庵父子二人捐修，殿宇极为壮丽。

明末清初，宝光寺在战乱中遭到毁损。1670年，四川梁山双桂堂破山和尚派他弟子笑宗印密禅师来到宝光寺，在新都县知县毕成英及地方缙绅的支持下，剪荆伐棘，重兴道场，被称为"清代宝光寺中兴第一代老和尚"。

■宝光寺石刻

■ 宝光寺建筑

金山寺 原名"泽心寺"，也称"龙游寺"，位于江苏省镇江市西北的金山。金山寺寺门朝西，依山而建，有大雄宝殿、天王殿、观音阁、妙高台、楞伽台、慈寿塔等。遍山布满金碧辉煌的建筑，以致令人无法窥视山的原貌，因而有"金山寺裹山"之说。家喻户晓的"白娘子水漫金山寺"神话故事即源于此。

从康熙到光绪的200多年间，由于不断扩建，宝光寺一跃而起，与成都文殊院、昭觉寺、草堂寺并列为成都附近的"四大精蓝"。与成都文殊院、镇江金山寺、扬州高旻寺并列为长江流域的"四大丛林"，即所谓"上有文殊、宝光，下有金山、高旻"是也。

宝光寺的建筑为木石结构，施用石柱400多根。其主要由一塔、五殿、十六院组成，四面红墙环护，绿树萦绕。中轴线上，福字照壁、山门殿、天王殿、舍利塔、七佛殿、藏经楼、紫霞山依次而立。两旁有钟楼、鼓楼，客堂、云水堂、斋堂、戒堂、罗汉堂、禅堂，东方丈、西方丈相对称，展现了我国佛教禅院的整体风貌。

山门殿创于乾隆年间。与多数佛寺一样，山门殿的两侧各塑有一尊护持佛法的金刚力士，上身裸露，手持宝杵，龇牙咧嘴，怒目圆瞪。

天王殿中供弥勒佛，两侧供四大天王，殿檐悬"一代禅宗"匾额。殿后因有石刻《尊胜陀罗尼咒》经幢，故此殿又名"尊胜殿"。

舍利塔隋时为"木浮屠九级"，唐僖宗中和年间，改建为密檐式十三级四面塔，高约20米，每级四面各嵌佛像3尊。塔底护以石，底层正面龛内塑释迦牟尼座像。每级翘角悬铜质风铃4个，全塔供铜、石、玉等质料雕铸造的佛像140尊，舍利子13粒。塔刹冠以金铜宝顶，映日夺目，是佛教著名圣迹之一。著名高僧笑宗印密曾赋诗赞塔说道：

> 宝塔凌空利似剑，几经鏖战围周唐。
> 清平天下无能及，留与蚕丛做栋梁。

舍利塔两旁即是如双峰对峙的钟楼、鼓楼。钟楼、鼓楼均为卷棚屋顶式建筑，青色筒瓦，飞檐翘角。钟楼上挂铜钟一口，其声清远，有匾写道"钟敲鹤起"；鼓楼上架巨鼓一口，其鸣如雷，有匾写道"鼓击龙飞"，鹤起龙飞，声势非同一般。

七佛殿宽5间，深4间，单檐歇山式。殿前檐柱下有两个浮雕盘龙石础，是寺内唯一的唐僖宗时的遗物。殿内3龛高0.5米的须弥座上，供世间庆大威德自在光明如来、多宝如来、宝胜如来、妙色身如来、广博身如来、离怖畏如来、阿弥陀如来7佛立像，神态庄严，造型宏伟，有较高艺术价值。

大雄宝殿高15米。清笑宗印密初建，乾隆年间恢章和尚改建，道光年间妙胜和尚重建。全殿用42根石柱支撑，雄伟庄严。殿中供奉释迦牟尼佛。

藏经楼为全寺最大的一座殿堂，高17米，宽40米，深18米，全是石柱支撑，为该

歇山式 即歇山顶。为我国古建筑屋顶样式之一，在规格上仅次于庑殿顶。由于其正脊两端到屋檐处中间折断了一次，分为垂脊和戗脊，好像"歇"了一歇，故名歇山顶。宋代称"九脊殿""曹殿"，清代改称，又名"九脊顶"。遗存最早的歇山式建筑是五台山的唐代南禅寺大殿。

■ 宝光寺舍利宝塔

宝光寺罗汉堂

寺杰出建筑之一。

清代道光年间妙胜和尚修建。下为说法堂，乃历代方丈说法处。上为藏经楼，贮有敦煌藏经43册，房山石经22册，北藏经和频伽藏经各1部，共728函7280卷。殿中供千手观世音菩萨像。四壁有诸天画像，画工精细，充分体现了清代艺术风格。

念佛堂位于寺院东侧自南向北的极乐堂后面，堂高10米。清代同治年间真印和尚建。堂中有石舍利塔1座，高5.5米，直径2米，由3块巨石镂空雕成，呈六方宫殿式。

塔内精细地雕刻有以释迦牟尼佛的故事为中心的各式各样人物、花卉和飞禽走兽，6根石上盘以飞龙，造型生动。整个石塔玲珑剔透，是寺内艺术价值较高的雕刻之一。

罗汉堂为抬梁式木石构架的正方形建筑，九进九楹。因内有4个天井，故其平面呈"田"字形。内塑佛、菩萨、祖师59尊，罗汉518尊，每尊高约2米，其中还有康熙和乾隆两位皇帝的形象。因康熙出天花脸上留下麻子，塑像的脸上也刻了5个"梅花"状麻点，真可谓"写实"。

罗汉堂中央，屋面作穹隆状升起，宽阔的空间矗立着一尊高约6米，有28个头、56只手、196只眼的观音塑像。其他塑像围绕"田"

天府之国

蜀文化的特色与形态

字，内外4层，中以"十"字相连，使得通道回环曲折。

罗汉堂塑像，千姿百态，妙趣横生。其形态有胖有瘦，有老有幼，有高有矮，有美有丑……其表情或喜笑颜开，或愁容满面，或慈祥和善，或横眉瞪眼，或文静端庄，或勇武剽悍，或憨厚滑稽，或狡黠老练……

其姿势有正襟危坐，合掌参禅者；有跷腿抱膝，怡然自得者；有张口振臂，谈笑风生者；有闭目托腮，若有所思者……

其动作或持物，或不持物，而所持物件又各有区别：有持数珠、木鱼、宝杵、禅杖等法器者，有持钵盂、书卷、拐杖、拂尘等用品者，有玩蝙蝠、蟾蜍、仙鹤、麒麟等灵物者，有捧灵芝、仙桃、佛手、石榴等瑞果者……

同时，其衣着的款式、色调、纹饰也各有差别，这些都与人物性格和所处环境巧妙配合，从而使500多尊塑像造型千姿百态，各有旨趣。

宝光寺罗汉堂塑像出自3批塑师之手：属于北派的陕西帮、属于南派的川西帮和川东帮。陕西帮塑的罗汉头部肥大，肌肉丰满，造型奇特，别有情趣。

川西帮和川东帮风格相近，塑的罗汉头部适中，表情自然，造型不同于一般的菩萨像，而更多地体现了现实生活中的人物性格。

阅读链接

罗汉堂500罗汉的来历，考诸佛经，传说不一。

有说是古印度一位知识广博的婆罗门僧侣，他精心教授500贵族子弟读书，这批子弟学成后皈依佛教，成为500罗汉。

还有一种普遍的说法：释迦牟尼逝世后，为了弘扬佛法，以摩诃迦叶为首的弟子500人在王舍城外的七叶窟举行集会，这就是佛教史所说的第一次结集。会上，弟子们将佛一生所说的言教汇集起来，以传后世，这500弟子即是500罗汉。

古朴壮观的德格印经院

7世纪末，藏王松赞干布的大臣噶尔东赞的后代避难到康区，生活在金沙江一带。当时，这个家族在首领的率领下，转战金沙江两岸，来到沙鲁里山脉下的地方，建起了一个政教合一的土司之国，于是这个阳光普照的地方便崛起了德格小城。

德格印经院大门

1448年，德格家族的博塔·扎西生根和西藏香巴噶举名僧唐东杰波主持首建了位于司根龙的经堂，以唐东杰波名字取名为汤甲经堂。

明末清初，德格土司嘎马松执政期间，不惜花费大量人力、物力，开始兴建规模庞大的更庆寺主寺。后经第七代土

■ 德格印经院金顶

司和第八代土司的努力，更庆寺工程才算基本完工。

却吉·登巴泽仁继任土司后，在八邦寺大喇嘛司徒·却吉穷乃的鼓励下，开始选择建印经院的基地。经多方勘察，认定更庆欧普河畔的伦珠顶的尼干普绒有祥瑞吉兆，便决定在那里建印经院。1729年登巴泽仁61岁去世时，印经院尚未建成。

登巴泽仁死后，他的儿子彭措登巴、索朗贡布和洛珠加措3人继承父志，继续扩建印经院，经16年才告竣工。后经历世土司扩建，形成了东有主寺与僧房鳞次相间，西有印经院和汤甲经堂，占地数百亩的更庆寺建筑群。这个古建筑群中，德格印经院最具有代表性。

德格印经院，全名为"西藏文化宝库德格扎西果芒大法宝库印经院"，也称"德格吉祥聚慧印经院"。印经院坐北朝南，高大雄伟，古朴庄严，其风

松赞干布

（617—650），吐蕃王朝第三十三任赞普，13岁即位。即位后，缉查凶手，训练军队，很快平息各地叛乱，统一各部，定都逻些即现在的拉萨，建立了吐蕃王朝。完成西藏的统一后，建立政治和军事机构，制定法律、税制，发展生产，使社会经济繁荣，人民生活太平，呈现中兴之势。

格为藏式传统建筑，集德格寺庙与居民建筑形式为一体，具有浓厚的德格风味。

印经院构造独特，红墙高耸，绿树婆娑，幽静壮观。靠大门一侧为一楼一底，正房则为二楼、三楼，参差有致。

在德格印经院的大小经堂内和大小经堂外部墙壁上方，绘制着不少壁画。此外，在进门廊道左右和顶部以及藏经库中的个别墙壁上，也绘制有少量壁画。壁画总面积大约为950平方米，其中95%壁画为古壁画。

在众多壁画中，除藏经库有一幅《绿度母》壁画为早期门孜派作品外，其余均为噶玛嘎孜画派作品。这些作品代表了康区噶玛嘎孜画派的最高艺术成就和风格特点，同时也使印经院成为早期壁画保存较完整的地方之一。

在印经院的大小经堂之内有雕塑，主要是表现佛、菩萨、罗汉、护法神、历代高僧和历史人物的泥塑像，大经堂内有14尊，小经堂内有61尊。这些塑像色彩鲜明、线条流畅、栩栩如生，充分显示出藏传佛教雕塑艺术的审美情趣和高超技艺。

除大小经堂，还有藏版库、纸库、晒经楼、洗版平台、裁纸齐书室及佛殿、经堂等。

噶玛嘎孜画派 属于藏族唐卡的三大流派之一。脱胎于门孜画派。流行于藏区东部，以四川省甘孜德格和西藏昌都为中心，相传在16世纪由南噶扎西活佛创建，以噶玛巴大法会而得名，又译"嘎玛嘎赤画派"，也称"嘎孜派"。

藏版库大小共6间，约占整个建筑面积的一半，印书操作也在其中。藏版库中排列着整齐的版架，书版分门别类地插满了版架，每版有一手柄，这是"德格巴尔康"的特色之一。

书版规格有许多种，最大的1.1米，宽0.7米，厚约0.05米；最小的长0.33米，宽仅0.06米。至18世纪80年代末，全院有书版21.75万块，每块刻两面。大、中、小版平均若每面各以600个音节计算，其字数总计约2.6亿字，规模宏大。

印版可分为书版和画版两大类。书版根据传统分类可分为6种，即《甘珠尔》《丹珠尔》、文集、丛书、综合、大藏经单行本。德格印经院所藏的大量书版中，有许多珍本、孤本和范本。

如有印度早已失传的《印度佛教源流》，也有《汉地佛教源流》和早期医学名著《四部医典》等稀世珍本，又如最古老版本《般若波罗蜜多经八千颂》是藏区仅存的孤本。

德格印经院所收藏的376块旧画版虽然数量不算多，但都很重要而且珍贵。德格在历史上是藏族传统绘画门孜派和噶玛嘎孜派的重要传承地，特别是噶玛嘎孜画派自18世纪以来，已在德格形成了一个中

《四部医典》

又名《医方四续》，藏名为《居悉》，是8世纪著名藏医学家宇妥·元丹贡布等所著。他深入实践总结藏医药临床经验，吸收了《医学大全》《无畏的武器》《月王药诊》等著作的精髓，并参考了中医医药学、天竺和大食医药学的理论，他用了近20年的时间编著而成。

■ 德格印经院壁画

■ 德格印经院

唐卡 也叫唐嘎、唐喀，指用彩缎装裱后悬挂供奉的宗教卷轴画。唐卡是藏族文化中一种独具特色的绘画艺术形式，题材内容涉及藏族的历史、政治、文化和社会生活等诸多领域，堪称藏民族的百科全书。传世唐卡大都是藏传佛教的作品。

心，并把藏族传统绘画中唐卡艺术融入刻版之中，是德格印经院木制印版一个重大突破和创新。德格印经院所藏画版大体上可分为唐卡、曼荼罗、风马3类。

作为藏族地区三大印经院之首的德格印经院，因其广博的藏族文化典籍收藏、严格的勘校、精湛的刻工技艺和高质量的印刷，使得德格版经书在藏族地区及藏学界广泛流传，十分有名。出于对信仰的极端虔诚，德格印经院对每一道工序的处理都异常严格。

德格印经院藏书丰富，门类齐全，各教派兼容并蓄。创始人丹巴泽仁虽信奉红教，但他并不排斥其他教派的经典。这使德格印经院超过其他几个印经院，形成特色。

最初收集书稿时，在司徒·却吉穷乃帮助下，派出大批有学问的人到西藏的桑耶、钦普、纳塘、夏鲁、萨迦、拉萨、阿里等地遍寻手抄本或木刻印本，然后延请著名学者曲格旺曲等人认真分类校勘定稿。

定稿后，由精于藏文书法的数十人缮写书版，并由几位学者核审；然后由数百名经过培训挑选出来的能工巧匠刻版；再由学者校对。

经过4次反复校对，确认无误后，又经过对经版的复杂细致的防腐、防裂等技术处理，一块经版才算制作完毕。每道工序都有严格的质量标准，规定十分细致、严密，完成的经版字迹清晰准确，经久不变。

由于气候关系，每年印经时间只有半年，从藏历三月十五至九月二十：在此期间，人们可到印经院朝拜书版，称为"巴尔恰东"。印经院规定：《大藏经》一律用朱墨印刷，以示尊敬，其余用黑墨。

印刷时，一人来回奔走取送书版，另两人相对而坐，书版置于两人之间，一人用擦板蘸墨涂版，一人放纸，用碌筒一滚、揭下，一页书当即印成。根据熟

藏历 是指藏族的传统历法。公元前100年以前，藏族就有自己的历法，它根据月亮的圆缺来推算日、月、年。7世纪，唐代文成、金成两位公主先后入藏成婚结盟，带来内地的历法。此后，藏族古历法与汉历、印度历法相结合，至元代时形成了天干、地支、五行合为一体的独特的历法。

文化风情

蜀中拾英

■ 德格印经院

天府之国

蜀文化的特色与形态

练程度和印书份数多寡，每天每组印700至1000多页不等。

　　印好的书页晾晒在各组固定区域的绳子上，干后收起，交给巴仲，由巴本等人进行最后一次检视校对，质量合格的，才能送齐书室理齐、磨平，四周涂上红色，捆扎起来，即为成品。

　　德格印经院不同于一般意义上的图书馆、藏书楼，它的雕版印刷从制版、雕刻、书写、制墨、造纸、印制工艺等，都基本保持了13世纪以来的传统方法，为已消失的印刷文明提供了不可多得的原始例证。

阅读链接

　　德格印经院印书用的纸，是专门采用一种叫"阿交如交"的草根皮制成的。

　　阿交如交的根须分内、中、外3层，可以分别制造3种不同的纸张。用阿交如交做原料造出的德格纸，色呈微黄，质地较粗，也较厚，但是纤维柔性好，不易碎，吸水性强。

　　同时因阿交如交本身是一种藏药材，含轻微毒性，故造出的纸具有虫不蛀、鼠不咬、久藏不坏的特性，是一种印刷保存文献的理想用纸。

宏伟的峨眉山古建筑群

峨眉山，耸立在四川盆地的西南边缘，是大峨、二峨、三峨山的总称。其地势陡峭，风景秀丽，有"秀甲天下"之美誉，更有"一山独秀众山羞""高凌五岳"之美称。唐代大诗人李白有"蜀国多仙山，

■峨眉山石碑

■ 报国寺大雄宝殿

儒教 是以孔子为先师，圣人神道设教，倡导王道德治、尊王攘夷和上下秩序的国家宗教。以《十三经》为经典，以古代官僚机构为组织，以天坛、宗庙、孔庙、泰山为祭祀场所，以郊祀、祀祖、祭社稷、雩祀、释奠礼、五祀为祭祀仪式。

峨眉邈难匹"的千古绝唱。

峨眉山自然遗产极其丰富，素有天然"植物王国""动物乐园""地质博物馆"之美誉。同时，作为普贤菩萨的道场、"佛国天堂"，峨眉山文化遗产极其深厚，其寺庙建筑规模首屈一指。其中，报国寺、伏虎寺、万年寺最有代表性。

报国寺为入山第一寺，最初名"会宗堂"。1615年，明代光道人建于伏虎寺右的虎头山下，取儒、释、道"三教"会宗之意。寺里供奉"三教"在峨眉山的地方代表的牌位：佛教为普贤菩萨，道教是广成子，儒教的代表是楚狂。清代初期会宗堂迁至峨眉山脚下。

1652年行僧闻达重修。1703年，根据佛经中"报国主恩"之意，御赐"报国寺"名。

报国寺殿宇雄伟，有弥勒殿、大雄殿、七佛殿和藏经楼四重屋宇，依山而建，逐级升高。

弥勒殿供奉弥勒塑像，后殿供的是韦驮站像。韦驮背朝山门，面对大雄宝殿；身穿胄甲，右手托山，左手按金刚降魔杵，修眉凤眼，双唇紧闭，威武刚强，正气凛然。

大雄宝殿门柱上有对联：

教演三乘，广摄万类登觉路；
法传千古，普度众生证菩提。

中间供奉佛祖释迦牟尼金身彩饰坐莲像，释迦佛的左龛是泥塑彩绘金身文殊菩萨像，右龛是地藏菩萨金身坐莲像，左右两厢供十八罗汉，后龛内供的阿弥陀佛像。在大雄宝殿后的平台上，矗立一座14层高的紫铜华严塔，为明朝万历年间铸造，塔身铸有小佛4700尊和《华严经》全文，佛像历历在目，字迹清晰可见，是我国遗存下来的最大

峨眉山报国寺

铜塔。

七佛殿中供奉的是七佛，中间一尊为释迦牟尼佛，其余6尊为过去佛，从右至左依次为：南无拘留孙佛、南无拘那含牟尼佛、南无迦叶佛、南无毗舍佛、南无尸弃佛、南无毗婆尸佛。

七佛皆盘腿坐莲台，体态匀称，庄严肃穆，乍一看似乎形态都一样，细细审视，表情各有变化，惟妙惟肖。这七尊佛采用"脱纱塑造"工艺，即先塑好坯模，然后在坯模上面涂上漆，再用麻布、绸料一层层敷上，待干后脱去坯模，最后彩绘，具有体轻、防潮、防蛀、不裂缝、保存久等特点。可见我国古代塑造艺术的精湛。

七佛殿后，以观音菩萨塑像为主，结合历史故事、民俗文化，塑造了一组群像。

观音菩萨右手举柳枝，左手倾净瓶，亭亭玉立龙头之上，左右金童玉女，飘然立于荷叶之上。金童旁是戒装裹身的赵子龙，再旁为东、南天王，手执琵琶、宝剑。

玉女旁是美髯飘拂的关羽，再旁为西、北天王，执伞、握蛇。另外还有"罗汉伏虎""蒲公采药"，最高处是"唐僧师徒取经像"。群像右侧还有一龛，供奉汉白玉雕刻的药师佛坐莲像。

峨眉山佛像

七佛殿后有大瓷佛像，是1415年由江西景德镇烧制而成。佛像底座为千页莲花，佛身披着千佛莲衣，暗含"一花一世界，千页千如来"之佛像经义。这尊瓷佛体量高大、比例匀

称、线条优美、光彩熠熠。

万年寺踞观心岭下，门迎大坪、牛心等寺和石笋、钵盂诸峰。万年寺创建于东晋时期。399年，道安门人慧远之弟慧持，以"欲观瞻峨眉，振锡岷岫"，辞远入蜀，不久上峨眉山创建普贤寺。

唐僖宗时，慧通禅师来山驻锡，以山形像火，寺院屡建屡毁，改"三云二水"压抑火星，将普贤寺改为"白水寺"，牛心寺改名"卧云寺"，中峰寺为"集云寺"，华严寺为"归云阁"，华藏寺为"黑水寺"。

980年寺僧茂真和尚奉诏入朝，太宗赐诗嘉奖后重兴六寺。朝廷派张仁赞赐尚方金3000两，铸普贤铜像供奉寺中，易名"白水普贤寺"。

1534年，别传禅师铸铜佛大像3尊，置寺之毗卢殿，铸铜钟3口，最大的一口悬挂圣积寺，后移至报国寺山门对面，小的两口分别安放在毗卢殿和永延寺。

1601年，明神宗朱翊钧为母亲慈圣皇太后祝寿，诏令住持台泉整

■峨眉山息心所

箜篌 我国古代北方少数民族的弹拨弦鸣乐器，是一种十分古老的弹弦乐器，最初称作"坎侯"或"空侯"。在古代有卧箜篌、竖箜篌、凤首箜篌3种形制。除宫廷雅乐使用外，在民间也广泛流传。箜篌音域宽广，音色柔美清澈，表现力强，可用于独奏、重奏、器乐合奏、歌舞伴奏或与乐队协奏。

修寺院，并赐金，筑砖殿罩于普贤铜像之上，题额"圣寿万年寺"。

无梁砖殿原名"无梁殿"，因其全部为砖结构，才被称作"无梁砖殿"。全殿高17.12米，面阔15.79米，进深16.06米。上呈半圆形中空穹隆顶，下为方形底座，形似蒙古包，象征天圆地方。

殿壁、殿顶，甚至门楣额枋、斗拱、窗棂皆为砖砌。该殿重檐雕甍，环匝绣棂琐窗，门阴刻有全蜀山川形势、云栈剑阁以及水陆途程。

无梁砖殿内的四面墙壁上，万佛围绕。内壁下部有24个佛龛，每个佛龛内放有铁铸的佛像；内壁中、上部砌有横龛道，也放有许多的小佛像。穹隆殿顶上，绘着4位飞天的仙女，分别抱着琵琶、箜篌、芦笙、笛子，形象生动，色彩鲜艳。

殿顶四角和正中，立有5座白塔，中间的一座较大，四角的较小。殿顶四角还饰有狮、象、鹿等瑞兽。

普贤铜像坐西朝东。通高7.85米，重约62吨。佛像通体敷金，高3.64米，双膝坐于六牙象背负之贴金莲花座上。莲高1.39米，径2.22米。佛像头戴双层金冠，冠高1.07米，径0.83米。

边缘四周铸有金佛像：两眼微合，唇角稍敛，给人以庄严、肃穆、慈祥之感；袒胸饰璎珞，身披袈裟；右手执金如意，左手置胸前，手心向上。

六牙象四蹄遒劲有力，卷鼻舒尾，似将远行，很富动感；背饰雕鞍。象高3.13米，鼻端至尾椎5.23米，背宽2.20米，胸围6.85米，颈围4.15米，鼻端离地面0.08米；腿长1.3米；耳纵长1.35米；牙6个，左右各3，皆长0.9米；四蹄各踏莲花蹬，蹬径1.0米，高0.3米。佛像体空、壁厚，平均厚约0.1米。整个像体，系分块焊接而成。

万年寺内右侧有一长方形水池，相传唐代僧人广浚曾在池边为李白弹琴，遂有李白千古传诵的《听蜀僧浚弹琴》诗：

蜀僧抱绿绮，西下峨眉峰。
为我一挥手，如听万壑松。
客心洗流水，余响入霜钟。
不觉碧山暮，秋云暗几重。

伏虎寺位于峨眉山伏虎岭下，瑜

李白（701—762），唐代浪漫主义诗人，被后人誉为"诗仙"。他的乐府、歌行及绝句成就为最高。和杜甫并称"李杜"。他的诗歌对唐代中期的韩愈、孟郊、李贺，宋代的苏轼、陆游、辛弃疾，明清时期的高启、杨慎、龚自珍等著名诗人，产生了极为深远的影响。

■峨眉山金顶四面佛

伽河旁；坐西南朝东北。始建于晋代，当时称为"药师殿"，后来一度曾改称为"龙神堂""虎溪禅林""虎溪精舍"。因山形如卧虎，遂将寺定名为"伏虎寺"，又因为传说树林中多有虎患，于是建立"尊胜幢"，其外形制作像塔一样，上刻梵咒，放在无量殿前。

全寺由伏虎寺坊、虎溪三桥、布金林坊、弥勒殿、离垢园、大雄宝殿、御书楼、华严铜塔亭、罗汉堂、玉观堂，以及厢、斋、禅房等组成。

建筑用材为木构，梁架形式基本上为穿短式，个别主殿当心间用简易抬梁式，重檐，歇山，小青瓦屋面，整个布局穿插严密，各殿堂分座多级平台、纵轴线不对称，从罗汉堂后殿至伏虎寺牌坊自然延伸超过500米，落差近百米。

除此之外，峨眉山寺庙建筑还有：雷音寺、纯阳殿、神水阁、中峰寺、清音阁、白龙洞、慈圣庵、息心所、初殿、华严顶、遇仙寺、洪椿坪、仙峰寺、洗象池、雷洞坪、太子坪、卧云庵、华藏寺、善觉寺、广福寺、萝峰庵等。

阅读链接

关于峨眉山这么一个传说故事：

从前，峨眉山只是一块方圆百余里的巨石，颜色灰白，高接蓝天，寸草不生。一个聪明能干的石匠同他的妻子巧手绣花女，决心用他们的双手将巨石打凿成一座青山。天上的神仙为他们的决心和努力所感动。

在神仙的帮助下，石匠把巨石凿刻成起伏的山峦和幽深的峡谷；绣花女把精心绣制的布帕和彩帕抛向天空，彩帕飘向山顶，变成艳丽无比的七彩光环；布帕落在石山上，变成苍翠的树林、彩云、飞瀑流泉、怒放的山花，变成欢唱的飞鸟、跳跃的群猴和游走的百兽。因为这座青山像绣花女的眉毛一样秀美，所以人们把它叫作"峨眉山"。

古多精美的安岳石刻

安岳县位于四川省东部，为成渝古道要冲，始建制于575年，古称"普州"。境内文物古迹众多，尤以石刻著称于世，具有一定规模的石刻点就有300余处，石刻造像达10万余尊。

安岳石刻绝大部分雕造于我国石窟艺术由北向南发展的高峰时期，即唐、五代、北宋时期。其中尤以唐代造像的宏伟和宋代造像的

安岳石刻

■ 卧佛院的卧佛

精美著称于世，在我国石刻艺术史上具有上承云冈、龙门，下启大足石刻的特殊地位。

安岳石刻造像以八庙卧佛院、石羊毗卢洞、鼎新华严洞、茗山寺、黄桷玄庙观、城郊圆觉洞、千佛寨、木门寺等为代表。

卧佛院位于县城北的八庙乡卧佛沟，共有大小龛窟139个，造像1600余身。卧佛为释迦牟尼涅槃像，头东脚西，全长23米，头长3米，肩宽3.1米，左侧卧于距地面约10米高的崖壁上。

体型修长，薄衣贴体，表情安详，像个硕大的"一"字，几乎占据了整个岩腰，堪称我国唐代全身石刻卧佛之精品。

卧佛造型独特，一反《大涅槃经》叙说的情景。卧佛的头部刻得极为精美，头戴圆圈小花螺髻，头枕凿花方形石枕，双眸微闭，俊美的脸庞慈祥而端庄，准确而自然地表现出释迦牟尼涅槃前的坦然神情。

身后刻说法图，20余弟子、菩萨、神王、力士像等，面目表情各不相同。腰前禅坐弟子阿难，正面向卧佛的头，背微躬，成切脉姿态，表现出闻悉噩耗的

碑刻 是历史上刻在碑上的文字或图样。平山县三汲公社发现的籀文碑刻，是我国最早的碑刻之一。北朝时期碑刻以北魏和东魏时期为最精，以《张猛龙碑》《敬使君碑》《曹恪碑》为代表作。正定隆兴寺内保存的《恒州刺史鄂国公为国劝造龙藏寺碑》是我国现存最早的楷书碑刻。

悲痛之情。脚边威立的高大剽悍力士怒目攒拳，一副悲痛得撕天裂地的样子。

卧佛的上方所展示的是释迦牟尼与诸弟子和天龙八部传授遗嘱的情景。左臂下方是观音普门行愿的化身和应身造像，还有维摩诘、药师佛等小像。整个造像所表现的喜、怒、哀、乐主次鲜明，完美对称，体现了唐代雕塑文化的高度发达，使人叹为观止。

在安岳县城东南的石羊镇油坪村塔子山，这里山峦叠翠，岩石峭立，毗卢洞就凿在这些磊磊秀石之中。毗卢洞是毗卢洞、幽居洞、千佛洞和观音堂的总称，遗存摩崖石刻造像465尊，碑刻题记32处。

毗卢洞的石刻造像开创于五代后蜀时期，之后历代都进行过修缮、补刻。这里曾经是五代至北宋时期四川佛教密宗的主要道场之一。尤其是观音堂内雕刻的那尊"水月观音"，俗称"紫竹观音"，是我国少有的北宋时期石刻艺术珍品。

紫竹观音高3米，悬坐于凸露的峭岩石窟之中。她背倚浮雕的紫竹和柳枝净瓶，头戴富丽华贵的贴金花冠；蛾眉上竖，凤眼下垂，直鼻微隆，朱唇略闭；上身穿短袖薄袈，袒胸裸肘，臂戴膀圈，璎珞像随身而泻的金色瀑布，网坠于胸

密宗 又称"真言宗""金刚顶宗""毗卢遮那宗""秘密乘""金刚乘"。此宗依《大日经》《金刚顶经》建立三密瑜伽，事理观行，修本尊法。此宗以密法奥秘，不经灌顶，不经传授不得任意传习及显示别人，因此而得名。

■紫竹观音

腹；下身长裙薄如蝉翼，紧贴于腰腿之间，衣裙飘逸，富于动感。

她坐在一片弧形荷叶上，上身稍左侧；左手抚撑叶面，右手放在膝盖，五指自然下垂；一双秀丽的赤脚，左脚悬于莲台，轻轻踏着花蕊，右腿弯曲上翘，脚踏莲叶，故人们又俗称为"跷脚观音"。

紫竹观音既具少女的妩媚，又具女神的仪容，世俗风味极浓，因此人们又爱称她为"风流观音"。

另外，毗卢洞、幽居洞雕刻的密宗第五代祖师柳本尊造像也别具特色。特别是在毗卢洞中雕刻的柳本尊的"十炼修行图"，构图严谨，造像生动，通俗易懂，堪称精品。

它主要通过以炼指、立雪、炼踝、剜眼、割耳、炼顶、舍臂、炼阴、炼膝10种苦苦修行来宣扬密宗教义。两侧还刻有神态威严的执斧、仗剑的护法金刚。"十炼图"是研究四川密宗和考证柳本尊生平的宝贵实物资料。

华严洞佛像

毗卢洞石刻造像是宋代佛教艺术的结晶，具有很高的历史研究价值和观赏价值。距毗卢洞2千米左右，有华严洞。此洞高7米，宽、深各11米，宽敞明亮，内有石刻造像159尊，主要是五代时期和宋代之作。华严洞正壁凿有华严三圣坐像。中间禅坐的是释迦牟尼，左为骑青狮的文殊，右为骑白象的普贤。

华严三圣像高5.2米，背倚车辐状彩色佛光，头戴繁花镂空峨冠，冠内禅坐一小佛像，面目俊秀，皓齿微露。洞的两边凿有10位弟子，他们坐姿颇为别致，或两脚分开盘坐，或双腿曲向一方而盘坐，依次掩护坐台。

安岳石刻千佛寨

在弟子坐像上端，刻有佛家的"极乐世界"图案，长达20米，以"众妙香国""剪云补衣"等10组浮雕构成。再缀成琼楼玉阁、奇花异草、甘露珠河、缥缈云彩等，烘托出"极乐国中无昼夜、花开花合伴朝昏"的极乐景象。

千佛寨位于安岳县城西郊的大云山上，因山顶四周的崖壁上雕刻有3000余尊大小佛像而得名。千佛寨，唐代名"栖岩寺"，清代康熙年间更名"千佛寺"。千佛寺原有殿宇，千百年沧桑，几经兴废后仅遗存寨崖上的造像。

千佛寨的石刻造像，规模恢宏壮观，共有造像105龛，大小佛像3061尊，分布在南北两岩，整个造像区长达705米。南岩多为唐代造像，其面部丰盈，高鼻垂耳，袒胸露肌，衣纹疏深，线条流畅，简洁明快，古朴典雅。净瓶观音最具典型的盛唐石刻风韵。

北岩有一龛盛唐密宗造像药师琉璃佛，属少见的石刻艺术珍品。药师佛端坐于束腰圆莲宝座，头部上端刻有华盖，身侧有菩提树，左右分刻八大菩萨和九横死、十二大愿，还雕刻有病死、受王法死和被虎、豹、蛇咬死等场面。

千佛寨还刻有众多的菩萨、罗汉、金刚、力士、护法神、飞天、供养人以及各种"经变"故事造像，充分表现出天上、人间、地狱的

安岳石刻

苦乐悲欢，内容十分丰富，雕刻技艺精美。

除佛像外，南北两岩还有摩崖浮屠7座，唐碑3通，历代题记26处。与千佛寨遥遥相对的圆觉洞有唐宋时期造像103尊，大小雕像1933尊。以刻于元符至大观年间的西方三圣雕像最为精彩。在其他地方，西方三圣是合龛为一，而这里却是分龛雕刻，为安岳石刻的独特之处。

左边的是足踏莲蕊，手持净瓶，仿佛正在将瓶中的甘露遍洒人间的观音。中间一龛，是西方极乐世界的教主阿弥陀佛。他容光照人，眼含情而不失庄重，嘴带笑而不露齿，居高而立，亲切地俯视着。

右龛的大势至菩萨头戴密贴金花冠，冠内嵌刻一小佛像十分别致，胸前杂饰璎珞，肘悬腰际，脚踏莲台，浅笑面庞俊美而显庄重；两手相交，右手持莲花蕾，大有点化众生超度苦海之势。花蕾重有百斤，历千年而不坠，是雕刻家巧妙地将重力转移到袈裟上的缘故。

玄妙观位于安岳县城北面的鸳大镇黄桷片区的集胜山腰。造像雕刻在一独立的平顶巨石四周，共有龛、窟79个，大小造像129尊，碑刻题记13通，均为唐代作品。

造像题材以道教为主，兼刻有佛、道合龛造像，也有少数佛教造像保存完好。主要造像有老君、释迦和老君并坐、真人、十二时神、金刚力士、九头鸟、观音、势至等。其造像错落有致，优美生动。

其中最大的一龛是老君造像龛，始凿于730年。龛窟呈双叠室形，龛内正壁雕琢主像老君，趺坐于三层仰莲瓣莲台上，其下是一层覆莲瓣的莲台，再下是八棱座基。

老君面部丰满圆润，两眼平视，头戴莲花冠，结胡须，身着高宽领道袍，胸前有一张三足凭几，左手放几上，右手执宝扇，头后有莲瓣形背光。其左右侍立金童、玉女，均头戴莲花冠，身着交领宽袖道袍。左像双手执笏，右像双手合十，赤足立于莲台之上。

龛窟的左右壁上，各刻一女真人，其身躯高于金童、玉女。龛窟左右壁与正壁上部对称刻护法神，合为十二时神。老君脚下外沿刻有蹲狮和12尊小造像，其项均有背光。

龛外刻一真人像，身着交领大衫，外罩半臂袍，手捧玉章，站立于莲台上。左边立一束发神将，深目阔嘴，身着甲胄，右手举剑，护腿至膝盖，脚穿长筒靴。龛窟下部站立十二神将穿戴近似十二时神。

玄妙观石刻造像为历史上佛、道互相联合、渗透、借鉴，提供了确切的佐证，是反映晋代以后道教与佛教相互渗透、借鉴与联合这一现象的代表性实物。布满各龛壁的观、阁、楼、台、斗拱、法器、乐器、服饰等都是研究道教发展史和古建筑不可多得的历史实物。

特别是众多的道教金刚力士像，高大与真人相近，踞脚扭腰，富于写实，形态极为生动、威严。仙女、伎乐姿态优美、惟妙惟肖，是研究我国古代雕刻艺术的珍贵材料。

阅读链接

在卧佛沟南北两岩约800米长的悬崖峭壁上，还开凿有55个藏经龛窟，其中已具雏形或竣工的43窟。已刻经文并保存完好的15窟，佛经刻字面积152平方米，清晰可辨的共20余种70余部300余卷40万字。经文刊刻在洞窟的正面和两侧，有《佛说报父母恩重经》等20多部，其中《檀三藏经》是现存佛经中的绝版。

庄严宏大的乐山大佛

乐山大佛

乐山，古称"嘉州"，位于四川盆地西南部，岷江、青衣江、大渡河三江交汇处，属古蜀国，有"海棠香国"的美誉。在乐山众多的人文景观中，乐山大佛宏伟端庄、举世闻名。

乐山大佛，又名"凌云大佛"，为弥勒佛坐像，是唐代摩崖造像中的艺术精品之一，是最大的石刻弥勒佛坐像，被誉为"山是一尊佛，佛是一座山"。

关于乐山大佛的雕刻，还有一个传说故事：

相传，唐代初期，凌云山

■ 乐山大佛

上有一座凌云寺，凌云寺里有一个老和尚海通。当时凌云山下，岷江、青衣江、大渡河三江汇流，水深流急，波涌浪翻，经常吞没过往船只，危害百姓。

海通和尚眼看船毁人亡，心中十分不忍。他想：三江水势这样猖獗，水中必有水怪。要是在这岩石上刻造佛像，借着菩萨的法力，定能降服水怪，使来往船只不再受害。

于是，海通法师请了两个有名的石匠来商量刻佛像的事。这两个石匠一个叫石诚，一个叫石虚。老和尚对他们说："我准备在这凌云山岩上刻造佛像，请你们来商议商议。"

石虚一听要在岩石上刻石像，心里很高兴。他想，这凌云山十分秀丽，凌云亭非常宏伟，每年来这儿朝山拜佛的人很多，我若在山岩上刻出许多各式各

大渡河 是岷江最大支流，古称"沫水"。发源于青海省境内的果洛山东南麓。大渡河为高山峡谷型河流，地势险峻，水流汹涌，自古有"大渡天险"之说。金口大峡谷最为著名，被誉为"世界最具魅力的天然公园"。

■ 依山开凿的乐山大佛

释迦牟尼 原名乔达摩·悉达多，古印度迦毗罗卫国释迦族人，佛教的创始者。成佛后被尊称为佛陀，意思是大彻大悟之人。民间常称"呼佛祖""如来佛祖""小佛如来"或"释迦佛"等。在佛教中，农历的四月初八是释迦佛诞辰日。

样造型的佛像来，我的本事岂不就一下传扬开来！以后请我刻像的人就会越来越多了。想到这里，他就说："三江水怪，十分凶狠，我看只有造千尊佛像才能把它镇住。"

老和尚见石诚在旁边一言不发，就问他："石诚师傅，你觉得如何？"

石诚不慌不忙地说："我看就刻一尊像这山岩一样高大的佛像吧！"

石虚一听忙摇头说："山岩这样高，石头这样硬，你这尊佛像哪年哪月才能刻好？"

石诚说："这岩石硬就能经受风吹雨打，佛像大才能镇住三江妖魔。"老和尚见两人争持不下，就说："你们两人不要再争了，干脆一个刻大佛，一个刻千佛吧！"说完，海通和尚就出外化缘去了。

从此，石诚、石虚两人就各自选岩构图，雕琢佛像。石虚选择了那最显眼、石头不太坚硬的沿江一片红砂岩，开始雕琢起来。他刻了释迦牟尼得道成佛，又刻了南海观音慈航普度，刻了十八罗汉降龙伏虎，又刻了普贤菩萨指点迷途。凿子响，石片飞，石虚刻了一尊又一尊。

石诚选择了一块又高又难走又硬的大岩石。他和徒弟们在山岩上搭建了架子，攀着岩石，开始雕琢大佛。

石虚的千尊佛刻完了，而石诚的大佛连一只脚也没有刻完。石虚讥讽地说："我两年刻了千尊佛，你两年还没刻完大佛的一只脚。"

石诚毫不气馁地说："你千尊佛、万尊佛，抵不上我大佛的一只脚。"说完又继续雕琢起来。

老和尚化缘回来，还请了许多凿石造像的能工巧匠，让他们和石诚一起雕琢大佛。附近的老百姓听说老和尚请人雕琢大佛镇压三江水怪，也纷纷赶来帮忙。有的烧茶，有的送饭，一时之间，凌云岩上人来人往，锤声如雷，岩片似雨。

住在岩下深潭里的水怪，每天被岩上的石块打得胆战心惊，眼看巢穴快要被填平了，它涌起千丈巨浪，想把工人们从岩上卷到水里淹死。

石工们眼看怪物涌起水来，就纷纷拣起岩上的石块向它打去。岩石像冰雹一样，不一会儿，就把水怪埋葬在乱石堆里了。从此大佛岩下，风平浪静，而大佛的样子也一天天显露出来。

这时，嘉州有个

乐山大佛足部

官吏，爱财如命。他听说老和尚从外地化了许多银两，便打起了坏主意。有一天，他带着几个官兵来到凌云寺，对老和尚说："胆大的和尚，你修建大佛，不先报官立案，目无王法，罚你白银1万两，限3天交齐。"

那官吏见老和尚不答应，就恐吓说："要是不交钱，就剜去你的眼睛。"老和尚面不改色地说："我宁愿把眼睛剜去，也不能动修建大佛的钱！"说完，就自己剜去双眼，端在盘子里向那官吏走去。那官吏见老和尚真的剜去双眼，吓得不停后退。谁知一时忘了身后是悬崖，一下子摔死了。

这时，那一对眼睛又飞回老和尚的眼眶里。其余贪官污吏见了，再也不敢去敲诈老和尚的钱了。后来，老和尚生病快要死了，但大佛还没有完工。他把几个弟子和石工们叫到床前："我可能看不到大佛完工了。我死以后，你们一定要继续造大佛！"

老和尚死后，他的徒弟就领着大家继续建造大佛。不久，石诚也死了，他的徒弟们仍旧在雕琢大佛。就这样一代接着一代，经过了90

年，大佛终于建成了。因为这座石刻佛是天下最大的佛像，所以人们就叫它"大佛"，又叫"乐山大佛"。而大佛旁边那座凌云寺也改名叫"大佛寺"了。

乐山大佛开凿于713年，是海通和尚为减杀水势、普度众生而发起，招集人力、物力修凿的。当大佛修到肩部的时候，海通和尚就去世了。海通死后，工程一度中断。

大约过了10年的时间，剑南西川节度使章仇兼琼捐赠俸金，海通的徒弟领着工匠继续修造大佛。由于工程浩大，朝廷下令赐麻盐税款，使工程进展迅速。当乐山大佛修到膝盖的时候，章仇兼琼迁家任户部尚书，工程再次停工。

40年后，剑南西川节度使韦皋捐赠俸金继续修建乐山大佛。在三代工匠的努力之下，至803年，大佛前后历经90年时间才完工。

乐山大佛头与山齐，足踏大江，双手抚膝；体态匀称，神势肃穆，依山凿成，临江危坐。

大佛通高71米，头高14.7米，头宽10米，发髻1021个，耳长7米，鼻长5.6米，眉长5.6米，嘴巴眼长3.3米，颈高3米，肩宽24米，手指长

■乐山大佛山门

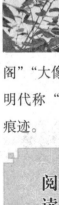

乐山大佛右侧的九曲古栈道

8.3米，从膝盖到脚背28米，脚背宽8.5米，脚面可围坐百人以上。

在大佛左右两侧沿江崖壁上，还有两尊身高10余米、手持戈戟、身着战袍的护法武士石刻，数百龛上千尊石刻造像，形成了庞大的佛教石刻艺术群。

大佛左侧，沿"洞天"下去就是后来开凿凌云栈道的始端，全长近500米。右侧是唐代开凿大佛时留下的施工和礼佛通道九曲栈道。

这座佛像雕刻成之后，曾建有七层楼阁覆盖，时称"大佛阁""大像阁"；宋代称"凌云阁""天宁阁"；元代称"宝鸿阁"；明代称"佛棚"；清代称"佛亭"，后废毁，仅留多处孔穴和屋檐痕迹。

阅读链接

乐山大佛具有一套设计巧妙、隐而不见的排水系统，对保护大佛起到了重要的作用。

在大佛头部共18层螺髻中，第四层、第九层和第十八层各有一条横向排水沟，分别用锤灰垒砌修饰而成。衣领和衣纹皱褶也有排水沟，正胸向左侧也有水沟与右臂后侧水沟相连。

两耳背后靠山崖处，有洞穴左右相通；胸部背侧两端各有一洞，但互未凿通，孔壁湿润，底部积水，洞口不断有水淌出，因而大佛胸部约有2米宽的浸水带。这些水沟和洞穴，组成了科学的排水、隔湿和通风系统，防止了大佛的侵蚀性风化。

天府奇葩

　　川蜀地域人口众多，成都平原、岷江流域自古就繁衍着汉、藏、羌等10多个民族，他们各有自己独特的生活习俗、宗教信仰、传统节日，以及独特的节庆、歌会等。

　　同时，在外来文化的影响下，加上数千年的丰厚积淀，他们创造出了较高水平的非物质文化，比如光彩照人的川剧艺术、藏戏……为川蜀文化注入了多彩多姿的内容。

丰富多彩的绵竹年画

蜀文化的特色与形态

■ 绵竹年画

绵竹年画，以产于竹纸之乡的四川省绵竹市而得名。由于多以木版印出轮廓而后填色，又称"绵竹木版年画"，与天津杨柳青年画、山东潍坊杨家埠年画、苏州桃花坞年画齐名，素有"四川三宝""绵竹三绝"之美誉。

绵竹年画是世世代代民间画师们勤劳和智慧的结晶，体现了川蜀人民乐观向上的思想感情和古老的民族风尚。

绵竹年画起源于北宋时期，兴于明代，盛于清代。尤其是清代乾隆年间，是绵竹木版年画发展的辉煌时期。至清代嘉庆年间，由于经

■ 绵竹年画

济繁荣，绵竹年画进入鼎盛时期，年画行会也相应建立，名"伏羲会"，有专业从业人员900余人，作坊300多户，画商更如过江之鲫。

　　鼎盛时期的绵竹年画作坊主要分布于绵竹城区及西南农村，风格也各异。如清道乡"曾发皓""何云发"偏重彩色清水大袍；作坊偏重美人、娃娃戏、故事类，风格独特。

　　城区年画作品则重拓片、杂条、斗方、案子或兼门画。老字号"傅兴发"生产的门神工艺精细，五彩鲜艳，衣褶清晰，眉目生动。"云鹤斋"的木版拓片享有盛誉。而肖华金专出斗方样张，有"肖斗方"之称。

　　绵竹年画形式丰富多彩，有门画、斗方、横推、中堂、条屏、单条、木版拓片等。

　　门画是绵竹传统年画的主要品种，按大小分为"大毛""二毛""三毛""四毛"等规格。所谓大毛，就是在整张粉笺纸上作画，大多绘秦琼、尉迟公等武

杨柳青年画 全称"杨柳青木版年画"，是我国著名的民间木版年画，与苏州桃花坞年画并称"南桃北柳"。产生于明代崇祯年间，清代雍正、乾隆至光绪初期为鼎盛期，制作方法为"半印半画"。具有笔法细腻、人物秀丽、色彩明艳、内容丰富、形式多样、气氛祥和、情节幽默、题词有趣等特色。

■ 老鼠娶亲年画

门神 是道教和民间共同信仰的守卫门户的神灵，旧时人们都将其神像贴于门上，用以驱邪辟鬼，卫家宅，保平安，助功利，降吉祥等，是民间最受人们欢迎的保护神之一。

国画 一般称之为"丹青"，传统绘画形式是用毛笔蘸水、墨、彩作画于绢或纸上并加以装裱，这种画被称为"中国画"，简称"国画"。中国画在内容和艺术创作上，体现了古人对自然、社会及与之相关联的政治、哲学、宗教、道德、文艺等方面的认识。

将，称"武门神"。将其贴于大门之上，意在御凶求安，护卫家宅。

"二毛"者，即张贴于二门的文门神，其画稍小于"大毛"，此类多系求福、求喜、求富贵的内容。

贴于寝室门或灶屋门的三毛，画幅小于二毛，大多为仕女、娃娃题材，如观花美人、八宝童子等，艺术造型颇有魅力，特别逗人喜爱。

此外，还有一种属于稀有的落地门神，它是一种与大门一样大小的特大门神。这类门神常见于旧时代大户人家的庞大龙门之上，内容多为武将。

绵竹年画的斗方，并非文人戏笔，而是《老鼠娶亲》《三猴烫猪》等讽喻性独幅小品。绵竹年画的横批，一般是表现人物众多的大场面的《文姬归汉》《迎春图》等。

绵竹年画条屏有4条屏、8条屏、12条屏之分。内容多表现情节曲折的历史故事、神话传说一类，如《三国演义》《百寿图》《二十四孝》等。绵竹年画的中堂均是表现吉祥内容，如《麻姑献寿》《紫微高照》等。

绵竹年画内容广泛，有辟邪迎祥、历史人物、戏曲故事、民俗民风、名人字画、花鸟虫鱼等。按制作方法分为"捶墨""落墨"和"填色"三大类。

"捶墨"即木板拓片，总称"黑货"，内容多为民俗和名人字画，神话传说等；"落墨"，即以水墨为主，色彩淡雅，近似国画"小写"，内容多为神像和各种戏曲故事。

"填色"，总称"红货"，按繁简可分7种，有"明历明挂""色金""印金""花金""常行""水墨"及"填水脚"。其中尤以"明历明挂"的绘制最为工整细腻，色彩也异常艳丽多彩。

而"填水脚"，用色单纯，寥寥数笔，却十分生动传神，非绵竹年画高手不能为之，以它的天真、质朴、粗犷而成为绵竹年画中的珍品。

绵竹年画以彩绘见长，具有浓厚民族特点和鲜明地方特色。绵竹年画构图讲对称、完整、饱满，主次分明，多样统一；色彩上采用对比手法，设色单纯、艳丽，强烈明快，构成红火、热烈的艺术效果。

在绘制风格上，它既承传了唐代之前手工绘制年画的制作风格，

■绵竹年画

又继承了宋代之后雕版印刷年画的风格。绵竹年画和我国其他年画一样首先是要刻成线版，但是线版在绵竹年画中只起轮廓作用，全靠人工彩绘，从不套色制作。经过不同艺人的手笔，呈现出不同的风格，同一个艺人绘制不同的画幅也会产生不同的趣味。

这是绵竹年画区别于其他诸家年画的主要特点之一，也正是绵竹年画的绝妙之处。

线条是绵竹木版年画造型及构图的基本手段，形因线而立，神因线而传。绵竹年画画师在长期的艺术实践中积累了一整套以线造型的艺术规律。绵竹年画艺人有画诀说道"流水褶子要活套，铁线褶子要挺直"。这一曲一伸的变化是绵竹年画用线的动感和静感的艺术处理，给整个画面赋予韵律感和节奏感。

绵竹年画在用纸、用笔、用色上也别具一格。传统绵竹年画一般都用粉笺纸和鸳鸯笔，颜色多用矿物色和民间染料加胶矾调制而成。

绵竹年画的装饰性和雕刻艺术，在早期显然受到汉代四川画像砖艺术的影响，后来又受到宗教画影响，因此具有较高的民族研究和艺术价值。

阅读链接

绵竹年画在色彩上的处理是别具一格的，其基本色有黄丹、佛青、桃红、草绿等色。运用色相和色度的对比，是民间彩绘大师们所惯用的手法。它单纯而艳丽，浓重而明快，对比而和谐。

他们还用"鸳鸯笔"在画面上构成了既有立体感又有质感的特殊效果。而借助色彩同类色深浅及阶梯变化，造成了深、浅、明、暗的过渡，所形成的立体效果，增加了画面的节奏和装饰情趣。由于用笔、用纸、用色的独特性，使绵竹年画具有浓郁的乡土风味和鲜明的地方特色。

光彩照人的川剧艺术

川剧是我国戏曲宝库中的一颗光彩照人的明珠。它历史悠久，保存了不少优秀的传统剧目、丰富的乐曲与精湛的表演艺术。

明末清初，由于各地移民入川，以及各地会馆的先后建立，致使多种南北声腔剧种也相继流播四川各地，并且在长期的发展演变中，与四川方言土语、民风民俗、民间音乐、舞蹈、说唱曲艺、民歌小调

■川剧表演

■ 川剧人物表演

昆曲 是我国最古老的剧种之一，也是我国传统文化艺术中的珍品。昆曲糅合了唱念做打、舞蹈及武术等，以曲词典雅、行腔婉转、表演细腻著称，被誉为"百戏之祖"。昆曲以鼓、板控制演唱节奏，以曲笛、三弦等为主要伴奏乐器，其唱念语音为"中州韵"。

的融合，逐渐形成具有四川特色的声腔艺术。

清代乾隆年间，由于各种声腔艺术经常同台演出，日久逐渐形成共同的风格，清代末期统称"川戏"，后改称"川剧"。

川剧音乐博采众长，兼收并蓄，囊括吸收了全国戏曲各大声腔体系的营养，与四川的地方语言、声韵、音乐融汇结合，演变形成形式多样、曲牌丰富、结构严谨、风格迥异的地方戏曲音乐。

高腔是川剧中最重要的一种声腔，是明末清初从外地传入四川。高腔传入四川以后，结合了四川方言、民间歌谣、劳动号子、发问说唱等形式，几经加工和提炼，逐步形成了具有地方特色的声腔音乐。

川剧高腔是曲牌体音乐，曲牌数量众多，形式复杂。它的结构基本上可以概括为：起腔、立柱、唱腔、扫尾。高腔剧目多、题材广，适应多种文辞格式。

　　高腔最主要的特点是没有乐器伴奏的干唱，即所谓"一唱众和"的徒歌形式，它以帮、打、唱为一体。锣鼓的曲牌都是以这种方式组成的。有的曲牌帮腔多于唱腔，有的基本全部都是帮腔，有的曲牌只在首尾两句有帮腔，其具体形式是由戏决定的。

　　川剧高腔保留了南曲和北曲的优秀传统，它兼有高亢激越和婉转抒情的唱腔曲调。

　　川昆源于苏昆，川剧艺人利用了昆曲长于歌唱和利于舞蹈的特点，往往只选取昆曲中某些曲牌或唱句，插入其他声腔中演唱，形成了川昆独具姿色的艺术风格。

　　川剧昆腔的曲牌结构与它的母体"苏昆"基本相同。应用时有"单支"和"成堂"两种形式。昆腔的主奏乐器是笛子。伴奏锣鼓及方式与其余高、胡弹、灯诸声腔相同，以大锣敲边和苏钹两件乐器的特殊单色构成锣鼓的"苏味"来区别于其他声腔的锣鼓伴奏。

　　胡琴是二黄与西皮腔的统称。因其主要伴奏乐器是"小胡琴"，故统称"胡琴"。胡琴腔约在乾隆年间就已经形成了。

　　二黄包括正调、阴调、老

■ 高腔胡琴

高腔 是戏曲四大声腔之一，是戏曲声腔的统称。起源于江西弋阳，又被称为"弋阳腔"或"弋腔"，其特点是表演质朴、曲词通俗、唱腔高亢激越、一人唱而众人和，只用金鼓击节，没有管弦乐伴奏。

■ 川剧

调3类基本腔。正调善于表现深沉、严肃、委婉和轻快的情绪；阴调宜表现苍凉、凄苦、悲愤的情绪；老调则大多用于高亢、激昂的情绪。西皮腔与二黄腔的音乐性格相反，具有明朗、潇洒、激越、简练、流畅的品格。西皮、二黄多为单独使用，但也有不少剧目同时包纳两种声腔。

川剧弹戏是用盖板胡琴为主要伴奏乐器演唱的一种戏曲声腔。它源自陕西的秦腔，属梆子系统，因此又有"川梆子"之称。

弹戏虽源于秦腔，但它同四川地方语言结合，并受四川锣鼓和民间音乐的影响，经过长期的演变，无论曲调、唱法还是唱腔结构都与秦腔有所不同，形成了自己独特的艺术风格，具有浓郁的四川地方色彩。

尽管两者的关系不是相当接近，但从曲调结构，调式特点，以及整个唱腔的韵味等方面分析，均可找到它们之间的渊源。

弹戏包括情绪完全不同的两类曲调：一类是长于表现喜的感情的叫"甜平"，又称"甜品""甜皮""甜腔"；一类叫"苦平"，又称"苦品""苦皮"，则善于表现悲的感情。它们具有相对的独立性，但它们的调式、板别、结构都是相同的，甚至在

秦腔 最古老的戏剧之一，起于西周时期的西府地区，成熟于秦代。秦腔又称"乱弹"，流行于西北等地，其中以宝鸡的西府秦腔口音最为古老，保留了较多古老发音。又因其以枣木梆子为击节乐器，所以又叫"梆子腔"，俗称"桄桄子"。

同一板别的唱腔中，曲调的骨架都一样。

灯戏在川剧中颇有特色，它源于四川民间的迎神赛社时的歌舞表演，也可以说是古代巴蜀传统灯会的产物。所演为生活小戏，所唱为民歌小调，村坊小曲，体现了当地浓烈的生活气息。

灯戏声腔的特点是：乐曲短小，节奏鲜明，轻松活泼，旋律明快，具有浓厚的四川地方风味。灯调声腔主要由"胖筒筒"、发间小曲和"神歌腔"组成。

川戏锣鼓，是川剧音乐的重要组成部分。其使用乐器共有20多种，常用的为小鼓、堂鼓、大锣、大钹、小锣，统称为"五方"，加上弦乐唢呐为"六方"，由小鼓指挥。锣鼓曲牌有300支左右。

"装龙像龙，装虎像虎"，这一句形容和要求川剧表演的话，在川剧演员中代代相传。川剧表演具有

曲牌 是传统填词制谱用的曲调调名的统称。俗称"牌子"。古代词曲创作，原是"选词配乐"，后来逐渐将其中动听的曲调筛选保留，依照原词及曲调的格律填制新词，这些被保留的曲调仍多沿用原曲名称。

■ 川剧表演

脸谱 是我国戏曲演员脸上的绘画，用于舞台演出时的化妆造型艺术。脸谱的产生有悠久的历史。脸谱起源于面具，脸谱将图形直接画在脸上，而面具把图形画在或铸在别的东西上面后再戴在脸上。

生 戏曲表演行当的主要类型之一。扮演男性人物。历代戏曲都有这一行当，根据所扮演人物年龄、身份的不同，又划分为老生、小生、武生等分支，表演上各有特点。

■ 川剧变脸

深厚的现实主义传统，同时又运用大量的艺术夸张手法，表演真实、细腻、优美动人，风趣幽默。

为了更好地塑造人物，川剧艺人创造了变脸、藏刀、钻火圈、开慧眼等许多绝技，表演时火爆热闹，新奇有趣，形成川剧的一大特色。

川剧脸谱，是川剧表演艺术中重要的组成部分。川剧演员在演出前，要在面部用不同色彩绘成各种图案，以展示人物的身份、形貌、性格特征。历史上川剧没有专职的脸谱画师，演员都是自己绘制脸谱。

在保持剧中人物基本特征的前提下，演员可以根据自身的特点，创造性地绘制脸谱，以取得吸引观众注意的效果。故川剧脸谱的个性化和多样化特征，是各类地方剧种中少见的。川剧脸谱是历代川剧艺人共同创造并传承下来的艺术瑰宝。

川剧分小生、旦角、生角、花脸、丑角5个行

当，各行当均有自成体系
的功法程序，尤以文生、
小丑、旦角的表演最具特
色，在戏剧表现手法、表
演技法方面多有卓越创
造，能充分体现我国戏曲
虚实相生的美学特色。

川剧变脸

川剧剧目繁多，早有
"唐三千，宋八百，数不完的三列国"之说。其中要以高腔部分的遗
产最为丰富，艺术特色最显著，传统剧目有"五袍"，即《青袍记》
《黄袍记》《白袍记》《红袍记》《绿袍记》；"四柱"，即《碰天柱》《水
晶柱》《炮烙柱》《五行柱》，以及"江湖十八本"等，还有川剧界公
认的"四大本头"，即《琵琶记》《金印记》《红梅记》《投笔记》，不
少为其他剧种失传的剧目。

川剧具有巴蜀文化、艺术、历史、民俗等方面的研究和认知价
值，在我国戏曲史及巴蜀文化发展史上具有十分独特的地位。

阅读链接

川剧变脸的手法大体分为3种："抹脸""吹脸""扯脸"。

抹脸，指将化妆油彩涂在脸的某一特定部位上，表演时用
手往脸上一抹，即可变成另外一种脸色。《白蛇传》中的许仙
用的就是"抹脸"。

吹脸，指用粉末状的化妆品，如金粉、银粉、墨粉等，装进
特定的容器里，表演时，演员只需将脸贴近容器一吹，粉末就会
扑在脸上。《活捉子都》中的吹脸，化妆粉末是放在酒杯内的。

扯脸，是事前将脸谱画在一张一张的绸子上，剪好，每张
脸谱上都系一把丝线，再一张一张地贴在脸上。随着剧情的进
展，一张一张地将它扯下来。如《白蛇传》中的钵童，可以变
绿、红、白、黑等七八张不同的脸。

耀眼夺目的四川藏戏

　　四川藏区地域辽阔，戏剧剧种多样，如流传于德格地方的德格藏戏、流传于康巴地区的康巴藏戏、流传于安多方言区的安多藏戏、盛传于嘉绒方言区的嘉绒藏戏。

■民间藏戏表演

■ 藏戏脸谱

15世纪，西藏名僧、藏戏创始人唐东吉博将藏戏表演在西藏地区形成规模，藏戏自西向东，传入康巴地区。

17世纪中叶，为宣扬佛法，德格第七代土司拉青·向巴彭措大量延请高僧，令更庆寺选出40名喇嘛组织戏剧演出，在念诵央勒经的45天中，排练《哈热巴》和《诺桑法王》，并确定了固定的表演形式。

依照向巴彭措制定的传统，藏历六月三十日佛事活动结束，于七月初一早晨，寺庙的僧众仪仗队列队至柳林，进行诵经祈福、煨桑供神等仪式，意为清净天、地、场。

仪式结束后，先由两名头戴面具的演员出场进行一番类似滑稽戏的表演继续清场，接着由一名持香的"苯拉"引路，引"婆罗门"出场以唱一段、跳一

土司 官名，元代始置。用于封授给西北、西南地区的少数民族部族首领，土司的职位可以世袭，但是袭官需要获得朝廷的批准。元代的土司有宣慰使、宣抚使、安抚使三种武官职务。明代与清代沿置土司，自明代起，增加了土知府、土知州、土知县3种文官职务。

■藏戏道具

段的方式叙述故事情节，由此，剧目正式开演。

藏历七月初一、初二演出《诺桑法王》和《哈热巴》，中间加演《甲羌》。

德格藏戏所着服饰规定：凡演国王、王妃，均借用土司的服饰；大臣的服饰则向土司属下之头人们借用；其他僧俗，皆依本地僧侣生活服饰。

德格藏戏一直都是由更庆寺的僧侣们演出，因寺中的僧侣全为男性，因此藏戏中的女性角色也全都由男性扮演。偶有寺庙中僧侣人数不够的情况发生时，也会邀请附近村落的男性群众参演。

德格藏戏保留了独特的传统谢幕仪式。待正戏内容一结束，除国王、王妃、王臣与比丘等角色保持装扮以外，其他角色的演员须换成喇嘛的批单，全体出场围成一圈，由婆罗门、诺桑法王与安登王各致一段吉祥唱词结束演出。

德格土司还存在时，土司还会派家庙德格印经院管家上台敬献哈达。土司制废除后，这一传统也随之取消。但演员退场仍须根据角色人物的等级依次按照"罗布甲且"的队形一边跳舞一边退回帐篷。

德格藏戏一直保留并发展着一套最古老、最传

哈达 是蒙古族人、藏族人作为礼仪用的丝织品，是社交活动中的必备品。类似于古代汉族的礼帛，多为白色、蓝色，也有黄色等。五彩哈达是献给菩萨和近亲时做彩箭用的，是最珍贵的礼物。佛教教义解释五彩哈达是菩萨的服装。所以，五彩哈达只在特定的情况下才用。

统、最完整以及最具民族特色的面具装扮。

德格更庆藏戏的传统保留剧目《诺桑法王》《哈热巴》以及《甲羌》在表演中所需面具较少，除藏戏开始时维持秩序的咒师戴面具以外，《诺桑法王》剧中，仅咒师、龙女和隐士戴；《哈热巴》剧中仅狮王戴；《甲羌》剧中仅汉官和通司戴。这3出剧目所用面具为10具左右。

德格藏戏演出时需戴面具的是德格《格萨尔》藏戏，《格萨尔》藏戏由德格竹庆寺第五世活佛土登却吉多吉于1870年编创，也是藏区最早的《格萨尔》藏戏。拥有面具数量最多的德格竹庆寺拥有《格萨尔》藏戏面具80多具。

在表演过程中，扮演不同角色的艺人头戴不同的面具，以传递不同角色人物的性格，如拉姆美丽善

《格萨尔》 也叫《格萨尔王传》。在藏族古代神话传说、诗歌和谚语等民间文学的丰厚基础上产生和发展起来的，提供了宝贵的原始社会的形态和丰富的资料，代表着古代藏族文化的最高成就，同时也是一部形象化的古代藏族历史。

■藏戏表演

■ 藏戏脸谱

天府之国

蜀文化的特色与形态

钹 古称"铜钹""铜盘",民间叫作"镲"。是常见的打击乐器。历史久远，表现力强。不仅在民族音乐、地方戏剧、吹打乐和锣鼓乐中使用，还广泛用于各族的民间歌舞中。

法器 凡是在佛教寺院内，所有庄严佛坛，以及用于祈请、修法、供养、法会等各类佛事的器具，或是佛教徒所携带的念珠，乃至锡杖等修行用的资具，都可称之为法器。法器如果以用途来区分，一般大约可分为庄严具、供佛器、报时器、容置器、携行器及密教法具6种。

良、罗刹怖畏狰狞、法王庄严可敬、英雄骁勇无畏……面具的面目在很大程度上反映了不同身份的人物性格特征。

传统的藏戏在音乐结构中由唱腔和器乐两部分组成。唱腔，即演员的演唱，用于叙述故事情节以及刻画剧中人物的性格和心理。

器乐，则是藏戏的一种固定的音乐表现形式，通过乐器演奏来完成，演奏由始至终贯穿全剧，根据剧情的发展起伏变化，与唱腔相辅相成完成剧目中的情感表达与描述。

德格藏戏的唱腔主要以角色的地位、性别、角色善恶等标准来划分。其唱腔已形成了比较固定分类及命名，如"婆罗门唱腔""狮王哈热巴唱腔""王妃唱腔"等，这些唱腔以人物的身份区分，调式以宫、商、羽调为主。

德格藏戏的器乐有一套结构完整的曲牌击奏格式。伴奏乐器通常是藏唢呐、鼓与钹，藏唢呐因可吹奏出旋律，因此成为主要乐器。鼓和钹因没有固定的乐调，是节奏乐器。

鼓和钹不仅起着更换曲牌和稳定节奏的作用，同时还提示舞蹈动作变化。器乐的演奏贯穿剧目始终。尽管现代风格的音乐类型以及乐器开始在藏区老百姓的歌舞艺术中广泛流行，德格藏戏的伴奏乐器与唱腔风格还保持着300多年前初创时的形式。

安多藏戏是指原发生于甘肃拉卜楞寺、流传于藏族安多方言区的一个戏剧剧种。表演也以人物身份划分角色行当。

安多藏戏演出的题材大多取自人物传记，故又称为"南塔"或"南塔羌姆"。演出的剧目除《文成公主》《白马文波》《顿月顿珠》等八大藏戏之外，还有历史戏《牟尼赞普》等。

安多藏戏的音乐早先多为宗教寺院的音乐，主奏乐器大都是寺庙中的乐器、法器。随着时代的发展，融进了当地许多民族民间乐器。安多藏戏的服饰用料和工艺考究，一些王公贵族造型十分华丽，妖魔鬼怪、狮子、老虎等动物均戴面具。面具造型精细，惟妙惟肖。

嘉绒藏戏是在藏戏的基础上，嘉绒人以自己当地流传的民歌、锅庄曲等为声腔，并以寺庙音乐、民间锅庄音乐等为伴奏音乐，用嘉绒方言演唱的一种独特的藏戏剧种。

嘉绒藏戏历史悠久，远在唐肃宗年间，在金川广法寺落成典礼

■藏戏礼服

上，就有人组织演出了以民间流传的驱魔英雄阿米格冬的故事编排的藏戏《格冬特青》。

1360年，头领贡呷多吉在嘉绒神山墨尔多山区建雍仲多尔吉楞寺，在寺庙落成时，挑选了20多名能歌善舞者，创编和演出了《格冬特青》一剧。

1639年，马尔康党坝乡斯多鸠寺先祖泽旺尔甲命众僧组成德楞戏班，排练《吉祥颂》，在供施法会上演出。

1756年，梭磨女士司若玛楚为庆祝出征得胜，命戏班根据《米拉日巴传》编排了一出名为《祁绕贡布多吉》的戏，请甘肃拉卜楞寺贡唐三世旦泊卓美观看，并赠送道具。

此外，藏戏传入康区后，逐渐与当地的康巴歌舞、说唱、曲艺等传统民间艺术相结合，在音乐、唱腔上，受方言语音、民间音乐、宗教音乐等方面的影响，风格上已和西藏藏戏有了一定差异，形成了风格独特的康巴藏戏。

四川藏戏艺术实乃我国戏剧百花丛中一束耀眼夺目的戏剧奇葩。

阅读链接

十四五世纪，藏传佛教香巴噶举派著名高僧汤东杰布，为募捐集资营造铁桥，他组织能歌善舞的山南七姐妹建立了藏戏的第一个戏班。汤东杰布自编自导，大胆引入跳神舞蹈，并吸收了藏族歌舞、说唱等民间艺术，特别是"喇嘛嘛昵"说唱艺术的营养，进行戏剧化的综合创造，编演一些佛经故事或民间传说，创作了具有简单故事情节的歌舞剧。

汤东杰布在这长期修桥募捐的演出过程中，藏戏艺术也同时得到了发展，演出了一些据佛经故事改编的正戏，如《智美更登》《诺桑王子》等。从此，汤东杰布被人们视为创建藏戏的祖师。

原始古朴的羌族歌舞

　　羌族，自称尔玛，是西南的一个古老民族，主要聚居在四川省阿坝藏族羌族自治州东部、绵阳市的北川县、平武县等地。羌族人能歌善舞，民间有"没有歌不行，没有舞亦不行"之说。

　　羌族民间歌曲有山歌、劳动歌、风俗歌及巫师歌；歌舞有喜庆歌

■羌族歌舞

天府之国

蜀文化的特色与形态

羌语 属汉藏语系藏缅语族羌语支。羌语可分为南北两大方言。两大方言分歧的主要特点是，南部方言大都有声调，声调有区别词义和形态的作用，北部方言没有声调，但有较为丰富的复辅音韵尾。南北各自都是完整语系，它们根音大多相同，但发音有变化，两种语系都有失传趋势。由于羌族文字失传，羌语与文化习俗的传承均依靠口口相传。

舞和丧事歌舞两种。

山歌，羌语称"拉那"或"拉索"，多在劳动场合或山间田野中唱，节拍比较自由。由两个乐句或4个乐句组成，有的带有曲头或曲尾衬句，从而形成三乐句或五乐句。演唱形式有独唱、对唱。

传统歌词中苦歌很多，反映了旧社会羌族人的苦难生活。后来，羌族人编了不少歌唱新生活的新山歌。

劳动歌有犁地歌、收割歌、薅草歌、撕玉米皮歌、打场歌、搂柴歌、打房背歌等。有的节拍自由，近似山歌；有的节拍规整，接近歌舞曲。

劳动歌有独唱、齐唱和词曲相同的重句对唱等形式。劳动歌中数量最多的是撕玉米皮歌，有的节奏明快，衔接紧凑，气氛热烈；有的节奏舒缓，曲调悠扬。

风俗歌专用于传统风俗仪式活动，包括婚嫁歌、

酒歌及耍山调。婚嫁歌包括嫁歌及喜庆歌。嫁歌又称
"姊妹歌"，姑娘出嫁前夕，由陪伴新娘的妇女们和
新娘唱；喜庆歌则是新郎家为庆祝喜事而唱的歌曲。
内容有赞颂新娘的美貌和服饰以及祝贺之辞等。

　　婚嫁歌的演唱形式多为两人对唱及重句对唱，也
有齐唱和集体重句对唱。酒歌是婚丧节日宴客时唱的
歌。一般由4至6个乐句为一首，节奏徐缓，曲调悠扬，
风格古朴。唱词为多段体，内容有客主间互相祝贺、
应酬之辞；有叙述家史或赞颂古代英雄人物之辞。

　　耍山调是一种体裁自由的抒情歌曲。按羌族风
俗，每年农历正月初五，青年男女上山游玩，俗称
"耍寨子"。耍山调是在这种场合所唱的歌曲。

　　巫师歌是巫师在请神送鬼时唱的歌。其中保存着
一些古老的民间故事传说，如《泽祺格布》《木姐珠》
《大战戈几人》等。说唱相间，并有敲击羌族羊皮鼓

羌族羊皮鼓 羌
族宗教仪式打击
乐器。有两种形
状，一种是圆形
鼓面的铃鼓，鼓
柄置于正中，抓
柄的长度与鼓面
的直径相同，左
手从背面握柄；
另一种是扇子形
状的铃鼓，鼓框
和鼓柄为铁制，
抓柄端有一装饰
环圈，圈内串以
数个铜钱。两种
形制鼓面均蒙羊
皮，各鼓音高低
不一，鼓槌为竹
制，敲击的一端
略微呈弓形。

■ 羌族歌舞

■ 羌族舞蹈

天府之国

蜀文化的特色与形态

唢呐 是我国民间吹管乐器的一种。由波斯传入，在新疆中世纪克孜尔石窟寺的壁画中就已经出现了唢呐演奏的绘画，最晚在16世纪就在我国的民间流传了。唢呐发音开朗豪放，高亢嘹亮，刚中有柔，柔中有刚，深受广大人民喜爱和欢迎，是民族乐器之一，广泛应用于民间的婚、丧、嫁、娶、礼、乐、典、祭及秋歌会等仪式伴奏。

的间奏。

羌族民歌的歌词每一句多为4个音节。演唱时，一般先唱两句或4句的歌头，山歌和酒歌的歌头相同。此外，在汶川、理县一带也有每句7个音节的歌词，这类歌曲没有歌头。羌族民歌所用的音阶以五声、六声为主，有的民歌采用四音音列和七声音阶，但完整的七声音阶较少见。

说到羌族的音乐，多声部不得不提。多声部又称"和声"，是指两组以上的歌者各按本组所担任的声部演唱同一歌曲。羌族的多声部主要分布在松潘县的小姓羌族乡，黑水及茂县部分地区。羌族多声部的唱法主要有"引""尼沙""娄""玛茨"等几种，唱法、意义根据具体的场景有所不同。

羌族的乐器有羌笛、口弦、唢呐、脚盆鼓、羊皮鼓、锣、响盘、指铃、肩铃等。

羌族舞蹈保留着原始乐舞粗犷、古朴的风格，大多是在民俗宗教祭祀活动中进行，舞者既通过舞蹈取悦祖先神灵，又得以自娱乐，以羊皮鼓、手铃等打击乐器伴奏，加深人民对神的崇拜和其神秘感。

舞蹈动作的表现与歌词内容没有直接的联系，多数舞蹈是用歌来促使舞步的循环往复。同一乐句男领女合，动作完全重复，节奏的强弱起落同舞蹈齐奏起落结合巧妙协调。

羌族舞蹈形式多样，内容丰富，在什么样的场合跳什么舞，均按功能和礼仪要求有一定的程序。羌族舞蹈按其形式和功能可以分为自娱乐性、祭祀性、礼仪性、集会性多种。

"萨朗"有"唱起来，摇起来"的意思，此舞在羌区最为盛行和普及，是很古老的自娱性舞蹈。"萨朗"音乐曲调欢快、流畅，节奏跳跃、明朗，歌词内容十分丰富。该舞可在室内外进行，男前女后，不限人数，围火塘或场院一圈，不封口，向逆时针边歌边舞。

开始时，先男女轮唱一遍舞曲，然后共同起舞，速度由慢到快，跳到激烈时，领舞男子加快舞步，带头交换各种不同的舞蹈动作，或双腿交替重踏，或左右旋转，男女相互竞争，气氛逐渐热烈。

舞至高潮时，男子叫声"吓喂"，女子应和"哟喂！"一曲就此

■羌族舞蹈

结束，接着再变换新的舞曲和步伐。

席蹴步在南部方言中有"办酒席时跳舞"的意思，是民间在丧葬、祭祀时举办酒席后进行的祭祀性舞蹈，没有固定的表演程序。此外，还有反映丰收后喜庆心情的"瓦西切玛""江得里学"，赞美装饰物的"石奎余奎"。席蹴步音乐曲调缓慢，节奏却很鲜明，曲式短小，反复重复。

"仁木那·耸瓦"，赤不苏方言，意为"宾客来临时表示尊敬和欢迎的舞蹈"，是羌族传统礼仪舞蹈，主要由60岁以上的老年人跳。如果寨子3年无人凶死，为示吉利，则要跳此舞庆祝。舞蹈一般出现在迎宾待客的礼仪活动开始、结束时。

舞蹈时，男女数人面对宾客，呈"八"字形分开而站，双手小指扣住身边舞伴的腰带，齐唱表达全寨人对宾客的尊敬和赞美节奏缓慢的民歌。

"克什几·黑苏得"，意为"跳铠甲"舞时唱的歌，舞蹈俗称"铠甲舞""跳盔甲"，是为战死者、民族英雄或有威望的老年人举行隆重葬礼时，由身披牛皮制作的盔甲、头戴盔帽、手执兵器的男子跳的舞蹈，主要流行于茂县北部、黑水等比较边缘的山寨。此歌音调悲切，运用极不稳定的角调式，速度缓慢，表达一种悲愤、哀伤的情感。

"莫恩纳沙"是羌族祭祀活动中，由释比跳的祭祀性舞蹈，也称"羊皮鼓舞"。该音乐无歌唱，只有羊皮鼓和响盘两种打击乐器相伴。响盘声响清脆，和着羊皮鼓的鼓点节奏和舞蹈节奏的变换，敲击出不同的音响组合，增强了舞蹈的表现力。

阅读链接

羌笛在羌语中称为"其篥""士布里"或是"帮"，是一种古老的民间竖吹乐器。在汉代就已经流传于甘肃、四川等地了，在唐代，经常出现在边塞诗中，是少数民族或是军队中的兵士所用的一种自娱自乐的乐器。

羌笛的声音常给人以虚幻迷离、动人心魄的感觉，羌族人民常用它来抒发自己喜怒哀乐、悲欢离合的种种情感。常演奏的曲目有《折柳词》《思乡曲》《莎郎曲》等。

多姿多彩的民间歌舞

民间舞蹈起源于人类劳动生活，它是由人民群众自创自演，表现一个民族或地区的文化传统、生活习俗及人们精神风貌的群众性舞蹈活动，所以也称为"土风舞"。在川蜀地域，民间歌舞种类非常多，其中川北薅草锣鼓、巴塘弦子、白马藏人跳曹盖等最有特色。

薅草锣鼓是一种广泛流传于四川北部山区农村的群众性民间文

■民族歌舞

■ 民族舞蹈

锣 我国传统的打击乐器，由锣体、锣架、锣棰3部分组成。锣体铜制，因用"响铜"制成，故也有"响器"之称。结构较简单，锣体呈一圆盘形，四周以本身边框固定，用锣棰敲击中央部分振动发音。在我国的民族乐队中占有非常重要的地位。

化，俗称"打锣鼓草""薅锣鼓草""撵锣鼓草"。主要分布在广元市四县三区境内，其中尤以青川薅草锣鼓最具代表性。

薅草锣鼓在每年的七八月除玉米草、黄豆草时，几户或几十户劳动力集结在一起，"一"字形沿山坡地排开，一人敲着锣，一人击着鼓，有节奏地边敲边打边歌唱，为劳动者鼓舞士气，统一步调，消除疲劳。

敲锣打鼓者多为地方有知识、有威望的老者或有培养前途的年轻人。敲锣者称"歌郎"，打鼓者叫"联手""同路"。

薅草锣鼓一天的过程大致分为：牵线子、扎盖子、安五方、说正文、耍歌子、办交接。早上8时左右，锣声一响，就告知人们该出工了。锣手走在前面，其余人闻声跟在后面，在山间小道上逐渐连成一线，俗称"牵线子"。

到达农活目的地，歌郎首先起歌头，在锣鼓齐鸣中高腔开场。接下来是"安五方"，有的歌郎拜东西南北中五方神灵，有的则直接拜天地人，讲究"天时、地利、人和"。

在一天劳动中占去大部分时间的是说正文。唱词内容既有成书的唱本，也有民间口头流传的有固定格式的七字文或十字文。

劳动中，若发现有人落伍掉队了，歌郎就会来到其身后，用力敲锣打鼓，激励催促落伍者赶上来。歌郎引吭高歌、激情飞扬，劳动者快速除草、你追我赶，呈现出鼓乐喧天、欢歌笑语的热闹场面。

薅草锣鼓不仅能保证除草的进度和质量，还可使繁重的体力劳动在笑声中变得轻松，让劳动者充分享受到劳动的愉悦和快乐。

薅草锣鼓的锣鼓节拍主要有七拍子、九拍子、十二拍子、花拍子几种。曲调和唱词按字数分为七字谱、十字谱，此外还有五字谱等多种曲调及口授心传的传统唱词和即兴唱词等。演唱作品主要有《韩湘传》《八仙图》《鹦哥记》《清官图》等，以及一些山

鼓 是我国传统的打击乐器，按《礼记·明堂位》的记载，"伊耆氏"之时就已有"土鼓"。至周代，据《周礼·地官司徒》之载，已专门设置了"鼓人"来管理鼓制、击鼓等事。鼓人管理着各种用途的鼓，如祭祀用的雷鼓、灵鼓，乐队中的晋鼓等。

145

艺苑之光

天府奇葩

■民族舞蹈

■ 四川傩舞

毕旺 即胡琴。在唐宋时期，既是拉弦又是弹弦乐器，两种演奏方法兼而有之。宋代的胡琴又称"稽琴"。传统的胡琴，由琴筒、琴杆、弦轴、千斤、琴马、琴弦和琴弓等部分组成，形制与汉族的中音板胡较为近似，但琴筒不使用椰壳。

歌如《二面麻柳叶》《三月百草青》等。

川北薅草锣鼓内容丰富，唱打方式真率、质朴，传承历史悠久，口头传唱歌词万余首，其曲调简约明快，独具特色，极富感染力。保护和传承川北薅草锣鼓，必将丰富和完善我国民族民间音乐文化。

巴塘弦子是一种优美抒情的藏族舞蹈，具有"长袖善舞"的特点，表演时，由数名男性持拉弦乐器"毕旺"在队前演奏领舞。其余舞者则和他们一起边歌边舞。

在巴塘，每逢喜庆佳节，集会野营、劳动之余，人们聚集在林卡或坝子跳起弦子舞，男女不拘，人数不限。一般是男子白旺站立排头，拉起胡琴带领人群拂袖起舞，时而圆集，时而散开，时而绕行而舞，边唱边跳，唱词为"谐"体民歌，也可即兴创作男唱女和，借以抒发内心情趣。

"三步一撩、一步一靠"是巴塘弦子舞的基本律动特点，其含胸、颤膝及长袖的绕、托、撩、盖等动作形成了不同一般的地域舞蹈特色。

弦子音乐一般分前奏、间奏、尾声3部分，音乐柔中有刚，优美抒情，节奏富于舞蹈性。

有着几千首曲目的巴塘弦子成为了藏族民间音乐的最大宝藏，它是保存最完好的藏族音乐的"活化石"，其音乐和唱词已经渗透到了藏族其他各种文学艺术当中，保护巴塘弦子对于保护藏族歌舞艺术、研究藏族文化都具有十分重大的意义。

白马藏人的跳曹盖，即戴着面具跳祭神鬼、驱灾祈福的舞蹈；乃是一种傩祭仪式，是傩文化的一种原始形态。在平武县白马乡等地，跳曹盖的仪式在每年正月初六举行。

初五晚上，人们便在寨外空坝上搭上祭棚，在祭棚中间烧起一堆篝火，巫师们围在火堆旁念经。初六清晨，当东方刚刚发白的时候，随着一阵火枪声、鞭炮声、锣鼓声和喧闹的人声，身穿五彩长袍、头戴插有雪白鸡毛的白色毡帽的人们，带着事先准备好的祭品来到火堆旁。

■四川傩舞演出

首先，人们在巫师主持下，杀牛祭神。然后，跳"曹盖"的青壮年戴上巨大的木制面具，手持大刀、锯子等舞具，围着火堆跳起了粗犷、古朴、刚健的曹盖舞。

跳曹盖舞者至少3人，没有上限，皆头戴面具，在"咚咚咚"的鼓声和"哐哐哐"的锣声伴奏下，激烈地跳跃。舞蹈以手上动作为主，内容主要是模仿老熊等猛兽的动作，力争凶猛怪诞。

跳至高潮时，还要从火堆上飞身纵过。每至此时，鼓锣齐鸣，群情振奋，煞是壮观。接下来，跳曹盖的队伍围着寨子挨家挨户去跳，最后跳到田边地角为止。据说，这是为了驱鬼，将鬼怪赶出寨外，保一年人畜平安、五谷丰登。

白马藏人的"跳曹盖"，是一种古老的傩祭仪式，可资研究的东西很多，在人类学、民族学、民俗学、艺术发生学等方面，具有重要的学术价值。

此外，还有玄滩狮舞、蹢脚舞、蓝田花船、阿署达彝族打跳舞、耍蚕龙、威远牛灯舞、天全牛儿灯、卡斯达温舞、十二相舞、金冠舞、哈玛、甘孜踢踏舞、热巴舞、扎坝嘛呢舞等。

阅读链接

玄滩狮舞是我国狮舞中北狮派系的舞狮流派，具有150多年的传承历史，狮子造型精美。玄滩狮舞在自身艺术的基础上学习提炼了具有浓郁地方特色的中堂狮子、高跷狮子、搬打狮子等的精粹而自成一派。

狮舞以雌雄成对并配有小狮出场，另加有猴子、和尚与民间武艺耍云、杂耍、吐火、钻火帘圈、叠罗汉等项目形成独特的艺术个性和丰富内涵。它有20余个表演套路，10余种基本步型和表演情态。其中高台狮子、高跷狮子更显非凡的艺术魅力。

玄滩狮舞运用川剧锣鼓伴奏，使音乐、舞狮、武艺交相辉映，以惊、奇、险、绝、美高度统一，将丰富的神态、独特的舞步、威武的狮型和悦耳的伴奏融为一体，成为泸县民间传统舞蹈的代表作之一。